中国会计博物馆藏品集萃·综合卷

THE ESSENCE OF COLLECTIONS AT THE CHINA ACCOUNTING MUSEUM: COMPREHENSIVE VOLUME

立信会计出版社
LIXIN ACCOUNTING PUBLISHING HOUSE

顾　　问：　[美]陈立齐（James L. CHAN）
主　　编：　宋小明
责任编辑：　黄成艮
美术编辑：　钟陵强
资料统筹：　姚水林　王　旭　范存遥
装帧设计：　伊德奎

序 言

从旧石器时代的中、晚期至今，包容几十万年的人类社会的发展史，充分显示出会计辉煌而灿烂的里程及其伟大的历史业绩。史实表明会计是一门历史最悠久而古老的学科，是一种经久不衰、历史积淀最为厚重的职业，始终是人类的经济管理事业坚如磐石的基础，会计文化是人类文化殿堂珍品中的一部分。在全球性浩瀚无垠、宏伟广博的经济世界里，会计无处不在，它的历史告诉人们，会计科学或会计事业是不可或缺的！

基于上述对会计历史地位与作用的表述，我们认为，中国会计博物馆的收藏价值真正起到了展示会计历史，让历史告知未来的重要作用。

中国会计博物馆作为全球第一家融会计学术与实务为一体的专业博物馆，建馆伊始即以促进会计历史文化的传承与弘扬全球为己任，在短短几年时间里，便通过艰苦发掘，收藏了包括中外账簿、会计及相关用品、会计报告、各类契据、相关证照，以及包括公私档案等在内的历史文献，十分珍贵的文物与史料过万件，其抢救性收藏举动具有史无前例的会计历史文化建设性意义，它的影响是世界性的，其贡献为世人瞩目，受到中国史学界称颂。同时，近年来中国会计博物馆还致力于中外会计学术研究和交流，与十多个国家和地区的会计史学者及相关研究机构建立了广泛的学术联系，对推动中国与世界会计史研究事业做出了杰出贡献。

《中国会计博物馆藏品集萃》系列图录以纸质出版物方式展示博物馆馆藏，让更多人认识和了解会计历史文化，提升博物馆的文化价值。中国会计博物馆馆藏资源丰富，藏品类型多样，具有编辑出版图录的天然优势。通过编辑出版图录，可以对博物馆藏品做很好的分类整理并进行初步研究，为进一步研究打下良好的基础。同时，也让更多人了解会计博物馆馆藏，这是扩大博物馆影响，提升学术吸引力所必须。我们相信，通过编辑出版藏品系列图录，中国会计博物馆的收藏和研究将更上一层楼。

《中国会计博物馆藏品集萃》系列图录的编辑出版是一项具有长远意义的系统工程，这项工程既是中国，也是世界会计界共同的事业。它的每一步都需要来自各方面的大力支持和推进。我们希望，会计历史文明之光，可以通过更多人的努力，更加耀眼和辉煌。

郭道扬

2015 年 10 月

PREFACE

It is a great pleasure to contribute remarks about the importance of the work of the China Accounting Museum, not only from the perspective of the development of practices and institutions in China, but also because there is important global significance to the undertakings of the museum and this publication. This volume represents a 'portable' visual tour of a highly valued portion of the museum's holdings, so that historians, students and scholars around the world will be able to appreciate and share in the museum's collection consistent with the museum's mission to support cultural exchange and awareness.

Congratulations on this initial publication regarding the collection of China Accounting Museum.

Gary John Previts
October 2015

前 言

　　博物馆之功能，在于收藏和保护人类文明的重要成就，借助各种媒介将其展示给世人，作为学习和研究历史文化、陶冶情操之基础。出版图录正是发挥此类功能的一项重要举措。

　　中国会计博物馆以弘扬人类文明的会计成就为己任，在数年来倾力收藏各类会计历史文化遗存的基础上，经过整理和研究，编辑出版《中国会计博物馆藏品集萃》系列图录，将本馆收藏的会计历史遗存精粹，以图文并茂的方式呈现给读者。

　　《中国会计博物馆藏品集萃》分综合、器物、籍账、契据、报告、证照六卷，于数年内陆续出版。此卷综合卷，从中国会计博物馆几年来入藏的过万藏品资料中精选186种，经过精心的分类整理和初步研究，按器物、籍账、契据、报告、证照、其他六类释解和展示。当然，会计文化博大精深，实非区区百件藏品所能尽释其意。我们希望通过本卷图录，可使读者对中外会计历史文化的重要遗存及中国会计博物馆馆藏有概略的了解。

　　百丈之台，起于垒土；千里之行，始于足下。我们相信，会计历史文化传播方面每一项小小的举措，都将最终汇入会计文明的历史长河，奔流向远。

编　者
2015 年 10 月

FOREWORD

The function of a museum is to collect and protect the achievements of human civilization, and to display it to the world through various media. The publication of catalogues of a museum's collections is an important means for carrying out this function.

The China Accounting Museum has as its mission the promotion of human achievements in the field of accounting. On the basis of its large number of historic and cultural relics collected to date, the Museum is pleased to publish this series entitled *The Essence of the Collections at the China Accounting Museum*. Our preliminary research has produced a combined graphic and literary portrayal of human endeavors in accounting. We present the results to interested readers for their appreciation. Even if incomplete, we believe that they are still a contribution to the dissemination of achievements in this important domain.

This series consists of six volumes. In addition to this comprehensive volumes, the other planned volumes will cover accounting instruments, account books, deeds and receipts, financial reports, and certificates and licenses. They will be published in installments over the next several years.

Rome was not built in one day. We believe that, with the attention and support of readers like you, this modest effort in disseminating accounting history and culture, will merge with other similar efforts in extending the inquiries of accounting history far into the future.

Editor
October 2015

目 录

第一篇　器物 …………………………………………………… 01

第二篇　籍账 …………………………………………………… 47

第三篇　契据 …………………………………………………… 91

第四篇　报告 …………………………………………………… 125

第五篇　证照 …………………………………………………… 159

第六篇　其他 …………………………………………………… 189

CONTENTS

PART ONE
Instruments ··· 01

PART TWO
Account Books ·· 47

PART THREE
Deeds and Receipts ·· 91

PART FOUR
Financial Reports ·· 125

PART FIVE
Certificates and Licenses ··· 159

PART SIX
Miscellaneous ·· 189

第一篇 器物

会计是一个涉及计量、记录、报告、审查、管理控制等诸多方面的综合性社会管理体系。会计文明的印迹普遍地存留于不同地区、不同文化、不同社会组织的活动中，累积了大量相关器物、器具，成为人类文明演进及历史成就的重要见证。本篇选录中国会计博物馆馆藏的计量器具、记录工具、徽章匾额、钱币遗存、会计用品等各类器物四十四种。

INSTRUMENTS

Accounting is a comprehensive social management system refers to many aspects as measurement, recording, reporting andting and managerial contral. Imprintings of accounting civilization remains in different areas, cultures and social organizations .A variety of objects and tools being left, which as an important witness of the evolution of human civilization and its historical achievements. In this part of the book, we selected 44 pieces of CAM collections, including measuring instruments, recording tools, badges and plaques, coin related goods, accounting supplies, and etc..

陶制红钟

Red Pottery Zhong
(measuring container)

汉（公元前 206 年—公元 220 年）
底径 18 厘米　腹径 30 厘米
口径 22.5 厘米　高 45 厘米

钟是古代一种量具，也作为计量单位，春秋时即有使用。《左传·襄二十九年》："饩国人粟，户一钟。"注曰：六斛四斗曰钟；又《小尔雅》："二缶谓之钟。"

封泥

Sealing Clay

汉（公元前 206 年—公元 220 年）
长 6.7 厘米 宽 7 厘米 厚 0.8 厘米

封泥又称"泥封"，是一种官印的印迹，为古代缄封简牍钤有印章以防私拆的信验物，流行于秦汉时期。

摇钱树枝

A Branch of Coin Tree

汉（公元前 206 年—公元 220 年）
长 27 厘米 宽 8 厘米

"摇钱树"是中国古代民间传说中的一种宝树，摇动树枝，金钱就会源源不断地掉落下来。汉朝墓葬中常作为陪葬品使用，代表人们对富足生活的向往。本件摇钱树枝，下侧是六枚枝叶状钱币，上侧是主人观看歌舞和杂耍表演的场景，此类场景在汉墓画像砖中较为常见。

五铢钱纹灰陶钱罐

Five Zhu Coin Pottery Pot

汉（公元前 206 年—公元 220 年）
底径 16 厘米　腹径 23.5 厘米
口径 16 厘米　高 34.5 厘米

用来盛装钱币的容器，上有五铢钱纹作为装饰。五铢钱是我国钱币史上使用时间最长的货币。西汉武帝元狩五年（公元前 118 年）开始发行。其外圆内方，象征天地乾坤。钱上铸篆体"五铢"二字，构图简洁大方，具有很好的装饰效果，广泛用于各种器物之上。

研磨器

Grinder

汉（公元前 206 年—公元 220 年）
长 11.5 厘米　宽 4.8 厘米　厚 0.4 厘米

　　研磨器为我国古代文房四宝中砚台之前身。颗粒状墨或朱砂经研磨后加水调和用于书写，多为石、陶材质，敦煌长城烽燧遗址中曾有木研出土。迄今 4000—5000 年前的马家窑文化中即有研磨器使用。此件汉代研磨器，其上朱砂印迹颇为显眼。

象牙算筹

Ivory Counting Rods

汉（公元前 206 年—公元 220 年）
长 13.5 厘米 直径 0.4 厘米

算筹或称算子，是中国古代一种十进位制的计算工具。算筹实际上是一根根同样长短和粗细的小棍，一般长为 13～14 厘米，径粗 0.2～0.3 厘米，多用竹子制成，也有用木头、兽骨、象牙、金属等材料制成的，大约 270 枚为一束，放在布袋内系在腰间随身携带，需要时取出即用。

灰陶钱瓮

Pottery Money Jar

汉（公元前 206 年—公元 220 年）
底径 20 厘米　腹径 50 厘米
口径 30.5 厘米　高 58 厘米

敞口深腹，灰陶质地，为汉代官府储存钱币的器具。口沿处有两枚五铢钱刻印，俗称"钱眼"。

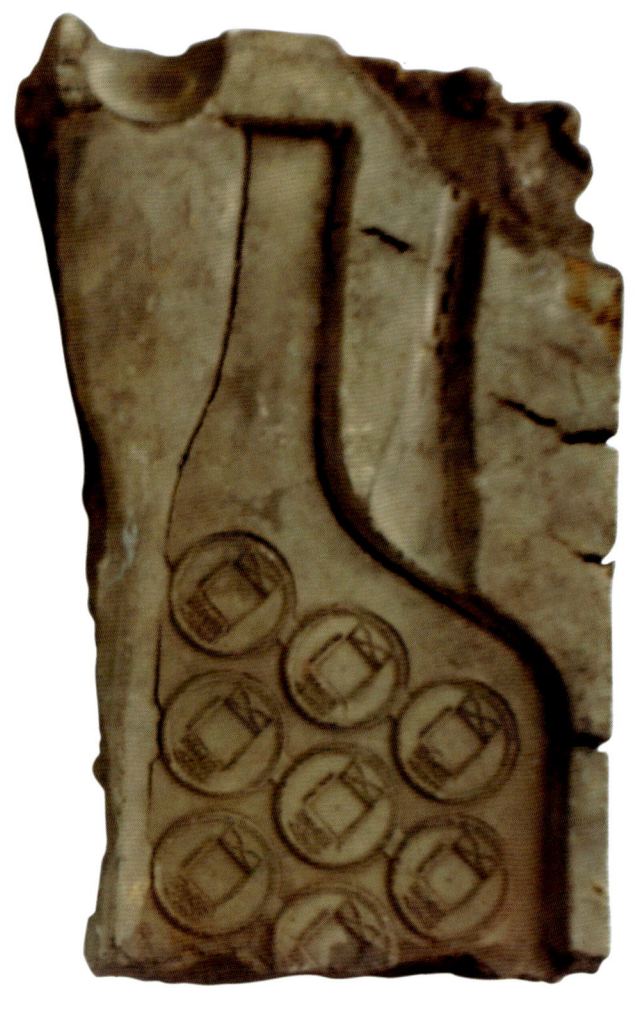

五铢钱范
Five Zhu Coin Mold

汉（公元前 206 年—公元 220 年）
长 19.5 厘米 宽 12 厘米 厚 2.5 厘米

钱范，亦称钱模，是古代铸造钱币的模具。分为陶范、石范、铜范、铁范、铅范五类。此为汉代铸造五铢钱的陶范。

五铢钱山
Five Zhu Coins Hill

汉（公元前206年—公元220年）
底径15厘米 高27.5厘米

多串五铢钱因在泥沙中掩埋日久而锈蚀一体，形如山岳飞峙。其中大部分钱币已严重锈蚀，但部分钱币上"五铢"字样依稀可辨。

扑满一组

A Set of Puman

汉（公元前 206 年—公元 220 年）
中：底径 17 厘米 高 21 厘米

扑满，即存钱罐，为我国古代民众储钱的一种器具。记述西汉杂史的笔记小说集《西京杂记》中有："扑满者，以土为器，以蓄钱具，其有入窍而无出窍，满则扑之。"故名"扑满"。

罐装宋代铜钱

A Pot of Copper Coin of Sony Dynasty

宋（公元 960—1279 年）
底径 24 厘米 高 50 厘米

　　罐内装满宋代铜钱，总重 40 千克。罐为灰陶质地，上部断裂，内有钱币留下的自然印迹。因千年埋藏，全部钱币已凝结一体，钱上满布蓝绿色铜锈。宋代经济发达，货币发行量巨大，一些时期铜钱本身的价值甚至超过了币值，致使钱币被熔化作为他用，或者被大量储藏。

庆元六年江南西路远昌军南城县购墓地券

Stele Marking the Cemetery Purchased at Jiangnanxilu, Yuanchangjun, Nancheng County, in the 6th year of Qingyuan, Song Dynasty

宋 庆元六年（公元 1200 年）
宽 40.5 厘米 高 41 厘米 厚 3.5 厘米

　　购墓地券由买地契约演变而来，多放置于墓室内，也有放在墓地甬道或靠近墓门之处，表明墓主人对墓地的所有权属，告诫他人不得"侵夺"，以达到"安魂"的目的。从东汉到明清时期，历代皆有。其材质因时代不同而有变化，有铅质、玉质、石质、陶质及铁质。

熔钱块

Half - melted Coins

清初
长 30 厘米 宽 23 厘米 高 13 厘米

我国古代历史上改朝换代时有销毁旧钱铸造新钱的习惯。此件为清初熔化明代铜钱时的残留，钱上可见"崇祯通宝"字样。

台式天平

Desktop Scale

清（公元 1636—1911 年）
长 75.5 厘米 宽 32 厘米 高 100 厘米

通常为钱庄、票号等放置在柜台上用于称量金银之用。其下带有抽屉，用于放置砝码及其他用品。天平本为西方量器，后经丝路传入中国内地。

顾云川记斗
Gu Yunchuan Firm's Dou

清（公元 1636—1911 年）
长（带柄）74 厘米 宽 57 厘米 高 38 厘米

斗是旧时中国重要的粮食计量器具。《汉书·律历志》：斗者，聚升之量也。清陈昌治刻本《说文解字》卷十四斗部云：斗，十升也。象形，有柄。本件顾云川记斗，是名为"顾云川记"的商号用以计量谷物的实用器具。硬木制成，四角铁皮包裹、底部用铁条加固，两侧有硬质木柄，深合说文"象形，有柄"之说。

"守信"椅

"Keeping Faith" Chair

民国（公元 1912—1949 年）
长 51 厘米 宽 46 厘米 高 103 厘米

民国时期商号办公用座椅，上刻"守信"二字，表明主人时刻不忘诚信，守信自律的决心。

漳州"丽华斋"八宝印色

Inkpad Produced by
"Lihua Firm" in Zhangzhou

民国（公元 1912—1949 年）
长 9 厘米 宽 7.5 厘米 高 8.5 厘米

漳州"丽华斋"出品，为漳州三宝之一。印泥称八宝，因其中加入了珍珠、玛瑙、麝香、琥珀、珊瑚、猴枣、冰片和艾绒八样珍稀材料，印色光彩艳丽，印迹易干而恒久，为文房珍品。乾隆时期作为贡品送入内宫，作为御用及赏赐近臣。1915 年在巴拿马万国博览会上展出并分获特别奖、优秀奖、甲等奖。

光绪二十四年三台县校准庙市公斛

Public Hu of the 24th year of the reign of Emperor Guangxu, Qing Dynasty

清 光绪二十四年（公元1898年）
长40厘米 宽40厘米 高23厘米

斛[hú]，古代量具名，也是容量单位。我国古代常用容量单位由小到大分为升、斗、斛（石）、釜、钟。斛与石（音"dan"）相通。自秦汉始其间皆用十进制，南宋末年改为五斗一斛。此件为光绪二十四年校准的三台县庙市公斛，相当于市场上的公平秤。背面刻有"奉宪校准"字样。

木质账盒

Wooden Accounts-book Box

民国三十年（公元 1941 年）
长 33 厘米 宽 23 厘米 高 6.5 厘米

账盒是旧时账房盛装账簿的器具，用以盛装账簿不致遗失或毁损。通常为木质。本件为民国三十年三月十三日兴发会购置的账盒。

德盛粮行仓印

Granary Seal
of "Desheng" Grain Store

民国（公元 1912—1949 年）
长 16.8 厘米 宽 8 厘米 厚 2 厘米

　　仓印也称印卡，是旧时粮仓、粮店常用的一种器具。粮食进仓或营业结束，需在平整的粮食面上加盖仓印，粮食表面就出现凹凸的印文，作为封定标志。粮食出仓或取用时要检查印痕，若有扰动，则追究相关人员责任。仓印形制简单，却有极大效用。居延破城子出土的西汉"万石"仓印为考古发现最早的仓印实物。

彝族木制量具

Wooden Measuring Instrument
used by Yi Minority Nationality

民国（公元 1912—1949 年）
底径 23 厘米　高 18 厘米

我国少数民族地区多用原木或竹子制造简易量具，作为计量谷物或酒等液态商品的器具。此件为彝族民众用来计量谷物的量具，用原木手工掏制而成。征集自南诏古国发祥地蒙化古城（今云南省巍山县城）。

藏族方升

Square Sheng Measuring
Instrument used by Tibetans

民国（公元 1912—1949 年）
长 19 厘米　宽 19 厘米　高 6 厘米

　　计量是各地经济活动中一项共同的事务。少数民族地区文化各具特色，计量器具也各不相同。藏族地区的计量器具有些为本地特色用具，有些则是引入内地计量器具，经过改造加入一定民族元素。此件小方升形制扁平，四角铁皮包裹，一侧加了牛皮提绳，便于携带及悬挂。

银质刻花水盂

Silver Water Jar

民国（公元 1912—1949 年）
底径 7 厘米 高 5.3 厘米

　　水盂又称"水丞"，被视为文房"第五宝"，常置书案上，用于贮放砚水。其小巧雅致，最能体现文人雅士的审美情趣，也是旧时账房常用的器具。此件银质水盂，刻花细腻，古朴典雅，堪称上品。

陈贞吉号银票印版

Chen Zhenji Firm's
Printing Plate of Bank Draft

清 光绪时期（公元 1875—1908 年）
长 11.5 厘米 宽 5 厘米 厚 4 厘米

在现代银行出现之前的中国，金融机构多以"票号""钱庄""银号"为名。它们可以印制银票、汇票等票据。其印版多用牛角或硬木制成，上刻复杂的文字及图案以收防伪之效。此件陈贞吉号印版，设计精美，雕工精细。上有"凭票发（当十）铜元拾枚整"字样。

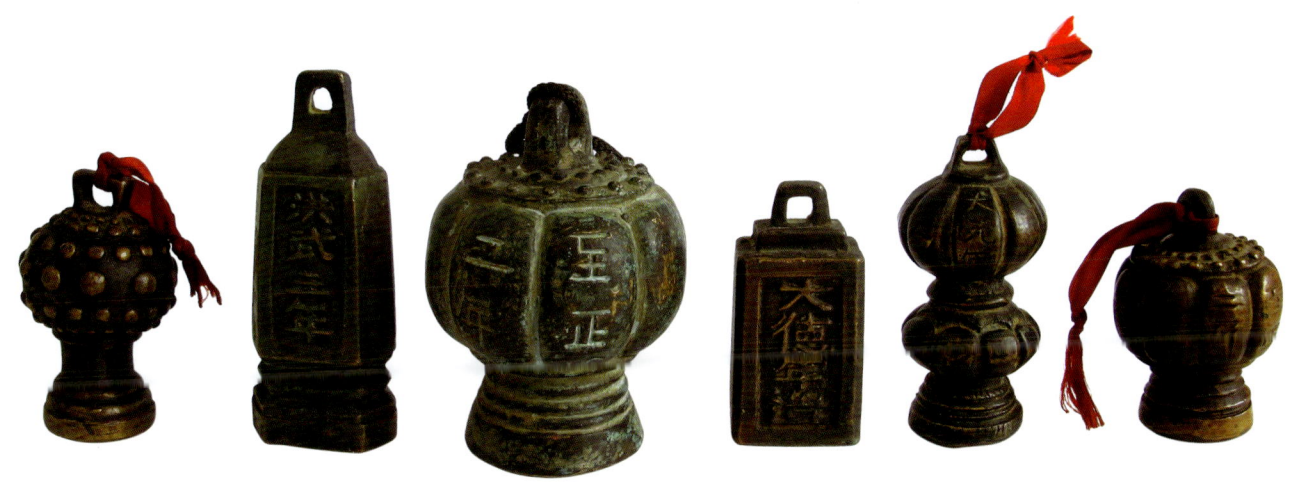

铜权一组

A Set of Copper Weights

元明时期
左三：直径 6.5 厘米 高 10 厘米

权，俗称秤砣、秤锤，为衡准之器。《汉书》云："权者，铢、两、斤、钧、石也，所以称物平施，知轻重也。"其材质有铜、铁、陶、瓷、石等，造型多样。民间造屋上梁时，有将秤砣悬挂于梁上，寓意"称心如意"。此为一组元、明时期铜权。元代铜权多为宝塔形，明代权则以长方体居多。

藏医量具

Measuring Instrument used by Tibetan Doctor

民国（公元 1912—1949 年）
长 24 厘米 宽 3.6 厘米

藏医是中华医学宝库中重要的一支，多用矿物研末入药。此为藏医取药时使用的量具，两头皆可用，通常一勺即为一次服用之量。此种量具多为铜铁等金属材料制成，并饰以精美的纹饰及各种装饰。

藏族印章
Tibetan Seal

清末
长 3.2 厘米 宽 3.2 厘米 高 12 厘米

　　印章是用来表明权属责任的重要用具。藏族使用印章最早在古吐蕃王朝后半期，迄今已有两千多年历史。在藏地，凡涉及买卖契约、借债还债、签订合同、红白喜事、仓库管理，皆有用印的习惯。此印章为银质，腹体内装蜜蜡，纹饰精美，具有典型的藏文化特征。

泰盛雇载行店脚契印版

Printing Plate of Taishen Loading Firm

民国（公元 1912—1949 年）
长 28.5 厘米 宽 27 厘米 厚 2.5 厘米

雇载行俗称"脚行"，为旧时货运行业，广泛存在于商业较为发达的地区。此为云南大理太邑古镇泰盛雇载行店的印版，用于印制空白契约，即印版文字中所称之"脚契"，是脚行承揽业务的标准契约格式，俗称"脚票"。

京都踹行牌匾

Signboard of Chuai Industry in the Capital

清 嘉庆十九年（公元 1814 年）
长 148 厘米 宽 63.6 厘米 厚 3.6 厘米

木质牌匾，上书"京都踹行"，并有"嘉庆十九年菊月谷旦""以后新开作坊入行京钱五十吊以备年例九月初十日敬神"等字样。踹行是旧时附属于民间纺织业的末端行业，将织成的布料通过脚踹使其内部结构固定，以防缩水。此行业历史短暂，先流行于上海、青岛、杭州等地，乾隆初流入北京，至道光初已被海外传进的手工拉幅机所代替。本件京都踹行牌匾反映了"踹行"这样一个特殊行业在京发展的状况。

绝卖、活当文契双面印版

Double-Sided Printing Plate of a Final Sale Deed

清末
长 26 厘米 宽 23 厘米 厚 2.5 厘米

硬木质地，双面雕刻，用于印制空白契纸。一面为"绝卖文契"，另一面为"活当契纸"。年份前空槽可嵌年号活字。是清末时期民间契约文化发达的实物证据。

上海市会计师公会会员徽章

Membership Badge of
Shanghai Accountants Society

民国（公元 1912—1949 年）
长 2.7 厘米 宽 2 厘米

1925 年 3 月 15 日，上海中华民国会计师公会正式成立，为我国第一个会计师职业组织。随后各地逐渐成立地方会计师公会，上海中华民国会计师公会改称"上海市会计师公会"。此为该会颁发的银质会员徽章。

国民政府颁发的会计师会员徽章

Membership Badge of Accountant issued by the Government of the Republic of China

民国（公元 1912—1949 年）
长 2.5 厘米 宽 2 厘米

1946 年 12 月 23 日，中华民国全国会计师公会联合会在南京成立，著名会计师奚玉书被推选为第一届理事长。此为国民政府颁发的中华民国会计师公会会员徽章。银质，背面刻有编号。

中式账簿印版

Printing Plate of
Chinese Style Accounts Book

民国（公元 1912—1949 年）
长 40 厘米 宽 20 厘米 厚 2.5 厘米

传统中式账簿印版，硬木雕版，上下分栏式，适用于上收下付的中式复式账簿记录。中间雕刻"堆金积玉""裕顺号"字样。

万寿王刘府观音堂碑

Guangyin Buddhist Commemorative Tablet in the Wanshou Wang Liu Fu

民国十二年（公元 1923 年）
碑体：宽 97.5 厘米　高 153 厘米　厚 19 厘米
基座：宽 111 厘米　高 35 厘米　厚 31 厘米

　　川沙名流及商号捐资重建万寿王刘府观音堂所立功德碑。详列重建发起人及捐资额，起首一人吴少卿助洋一千六百五十元，其后吴炎卿等助洋一千七百元至十五元不等。碑文中写明地址，在江苏川沙县八团乡北三甲合庆镇西首。川沙是长江黄金水道的门户，开埠后上海发展的重要发源地，时归江苏省管辖。碑文中有杜月笙、张啸林等沪上名人捐资记录。

玉算盘

Jade Abacus

民国（公元 1912—1949 年）
长 26.5 厘米 宽 9 厘米 高 3 厘米

算盘是中华文化的重要文明成就之一。东汉徐岳《数术记遗》中即有关于"珠算"的记载。算盘作为极具特色的计算工具，曾在社会经济生活中发挥重要作用，并作为一种文化符号广泛出现在中国人生活的方方面面。此件玉算盘，将算盘文化与同样广受国人喜爱的玉文化结合起来，极具观赏价值及文化意义。

簿记机
Bookkeeping Machine

美国 1951 年
长 120 厘米 宽 90 厘米 高 95 厘米

美国俄亥俄州国立收银机公司（National Cash Register Company）1951年出品。该机采用电力驱动，集合了记账、算账、报告文件打印等多种功能，为同时代簿记机之最。公司曾对其寄予厚望，但不久即被更先进的电子计算机所取代。该机器作为簿记技术变革的时代见证，存世较少，弥足珍贵。

邮局用信件计费天平

Letters Scale

英国 1880 年
长 33 厘米 宽 17.5 厘米 高 13 厘米

英格兰出品，是 19 世纪英国邮政系统信件计费的标准器具。硬木底座，台面凹坑内依次摆放 7 枚大小不等的铜质砝码。右侧标牌上写有从伦敦到埃及、美国等地的信件资费标准。

伯勒加法机
Burrough's Adding Machine

美国 1917 年
长 53 厘米 宽 62 厘米 高 91 厘米

  伯勒公司是美国著名的办公设备公司。其生产的商检设备、自动取款机等产品广泛运用于世界各地。此款为该公司 1917 年出品的加法机，集计算与打印功能为一体。左侧有可折叠的文件支架，使用便捷，为同一时代加法机产品之佼佼者。

台式收银机
Desktop Cash Register

美国 1911 年
长 56.5 厘米 宽 35 厘米 高 52 厘米

　　本件收银机为美国国立收银机公司（National Cash Register,NCR）1911年出品。1879年，詹姆斯·瑞特（James Ritty）在美国俄亥俄州戴顿市成立国立制造公司（National Manufacturing Company），生产和销售他自己发明的机械收银机。1884年，帕特森（Patterson）兄弟收购该公司及其专利，将公司更名为国立收银机公司，并改进收银机，添加了卷纸记录装置，以记录销售交易，为记账提供依据。

国际会计师公会主席徽章
Chairman Badge of AIA

英国 1928 年
直径 6 厘米 高 7.8 厘米

国际会计师公会（The Association of International Accountants, AIA）是全球第一家国际性会计职业组织，1928 年成立于英国。该组织以推进会计国际化为己任，建立了涉及 85 个国家的全球性会计师网络，为会计的国际化发展做出了积极贡献。2014 年 10 月 14 日，AIA 理事会主席李思列·布兰德利（Leslie Bradley）一行访问中国会计博物馆，并向会计博物馆捐赠了包括此件徽章在内的数件反映 AIA 历史的重要藏品资料。

第二篇 籍账

会计在长期发展中逐渐形成一个由凭证、账簿、报告所构成的完整体系，并以账簿为其中心环节。此篇名曰『籍账』，将古代中国农业社会用作农业户口及地亩税收统计的『籍』与会计之『账』合并处之，既体现其间的联系，也突出会计记录的丰富性及背景性意义。本篇包含各类籍账四十二种。

ACCOUNT BOOKS

During the long-term development, accounting has gradually formed a complete system composed of vouchers, accounts books and reports. This part titled as "Jizhang", not only consists of accounts books in accounting areas(Zhang), but also the register books(Ji) for the purpose of permanent residence and farmland tax statistics being used in the long run of ancient Chinese agricultural society, so that to reflect the connections of "Ji" and"Zhang", and also highlight the richness and background significance of accounting records. This part includes 42 pieces of different books.

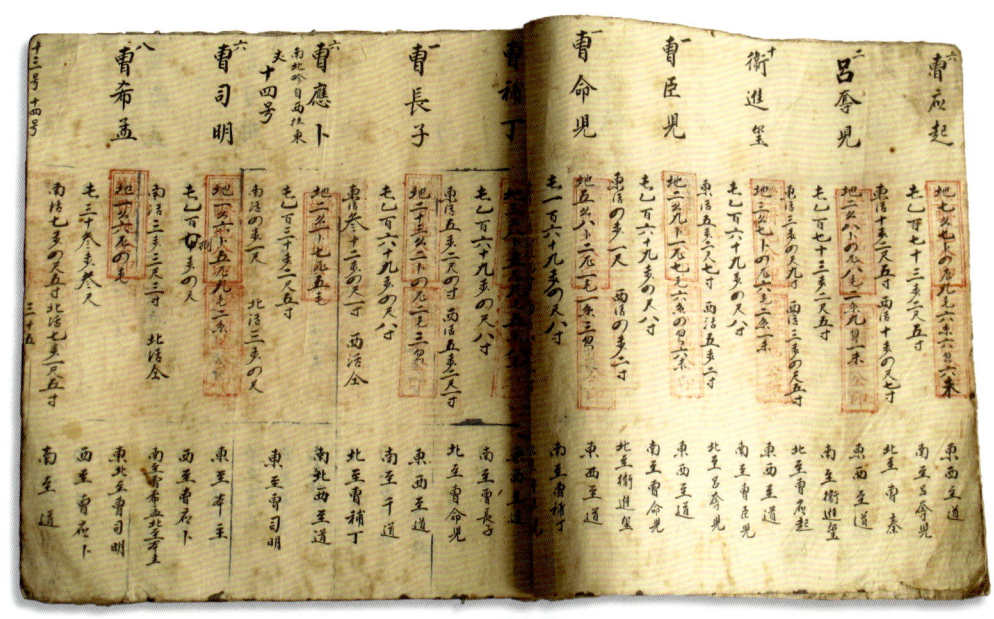

崇祯辛未年丈清地亩公册

Public Pamphlet of Land Survey conducted in Congzheng Xinwei Year, Ming Dynasty

明 崇祯辛未年（公元 1631 年）
长 29.7 厘米 宽 29 厘米 厚 0.8 厘米

  土地清丈是农业税收管理的基础。本件崇祯辛未年丈清地亩公册，是明朝末期某地清丈地亩的记录簿，立于杏月（农历二月）谷旦。《诗三家义集疏》云："谷旦，犹言良辰也。"本地亩公册由三十二至七十八共 47 页装订而成。第一页记曹一臣、姚化龙等六人，之后每页各记五人，注明地亩尺幅、四至，盖有"崇祯耕地公印"。

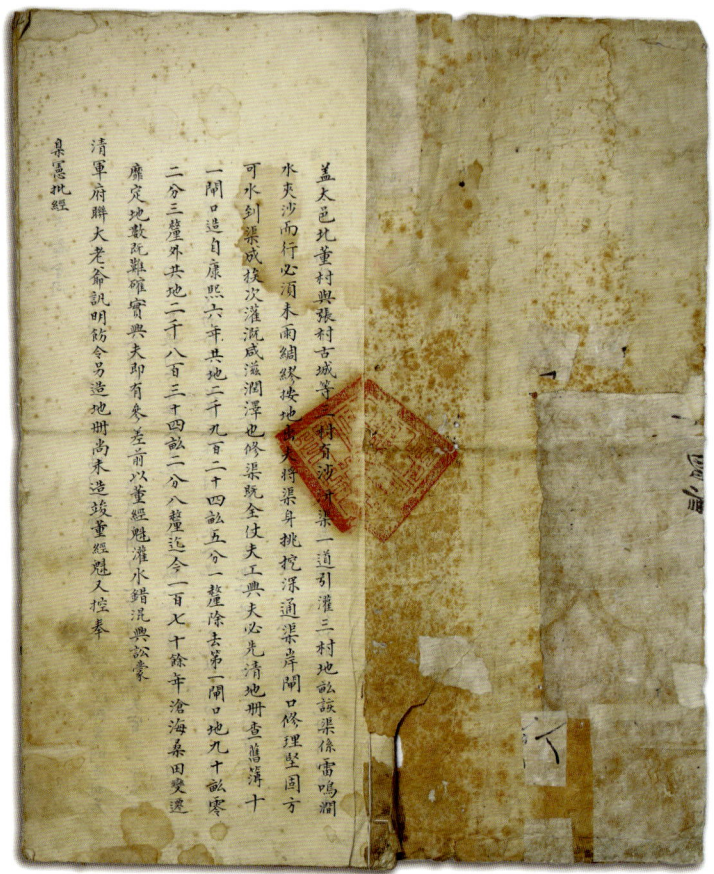

古城沙汧（qian）渠使水地册

Land Registry for Irrigation Control prepared during the 24th year of the reign of Emperor Daoguang, Qing Dynasty

清 道光二十四年（公元 1844 年）
长 57 厘米 宽 25.5 厘米 厚 0.7 厘米

此册为清道光时期某地官府因地方水利工程维护管理而形成的记录资料。太邑北董、张、古城三村共用沙汧渠灌溉，按地亩出夫疏浚渠道。因历时日久，混错不断，屡致争讼。官府饬令地方查明地亩细数，成地册二本，呈官府验明钤盖会印。一本存县，一本给渠长收以遵行，以昭信守。册内有"记"，详述造册因由及查实各村地亩总数。其后 44 页，详列各村用水地主姓名、地亩位置及地段细数。

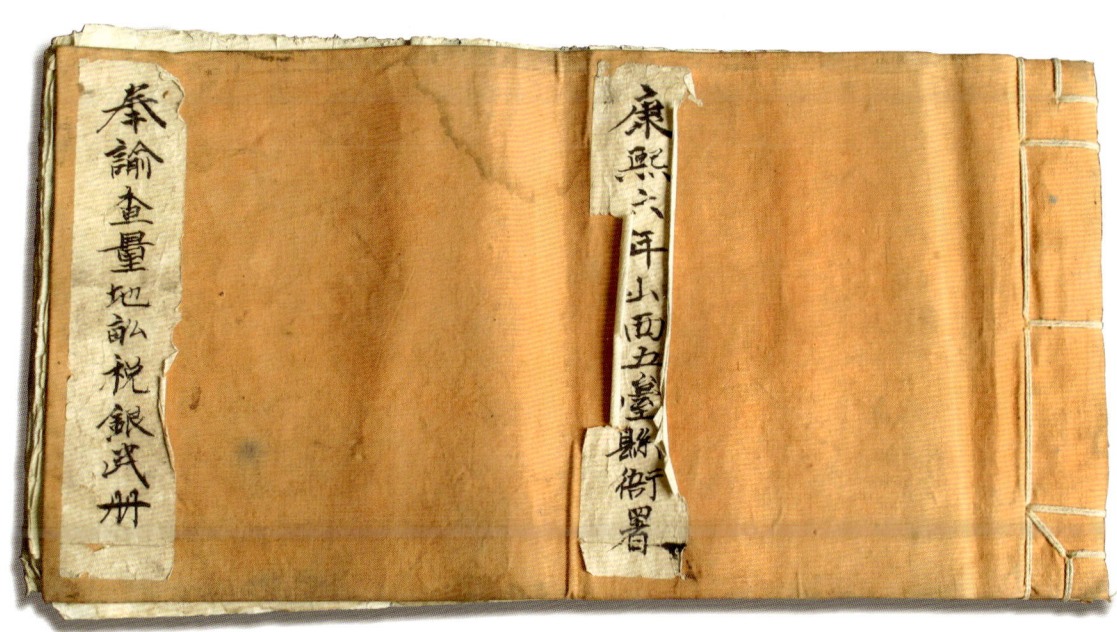

山西五台县署衙奉谕查量地亩税银民册

Land and Tax Survey Register
of Wutai County in Shanxi Province

清 康熙六年（公元1667年）
长52.5厘米 宽27.3厘米 厚0.9厘米

山西五台县府衙为核实地亩以准确核定应收税银而进行地亩查量的记录簿。布面，首页列不同等级地亩派粮及实银数，附列详细的计算歌诀。其后为民册区，按千字文排列地亩并编号，之后详列各字号地亩、粮数。

乾隆十五年一百二十二庄推册

A Record for Transferring Tax Liability in the 15th year of the reign of Emperor Qianlong, Qing Dynasty

清 乾隆十五年（公元 1750 年）
长 25 厘米 宽 12.5 厘米 厚 0.7 厘米

旧时民间典当买卖田宅，需报请官府办理产权和赋税过户手续，称为"推收"或"推收过户"。《宋史·食货志上二》："神宗讲究方田利害，作法而推行之，方为之账，而步亩高下丈尺不可隐；户给之帖，而升合尺寸无所遗；以卖买，则民不能容其巧；以推收，则吏不能措其奸。"《元典章·户部五·典卖》："今后典卖田宅，先行经官给据，然后立契，依例投税，随时推收。"《明史·食货志二》："推收之法，以田为母，户为子。"此册分户载明一百二十二庄推收之详情。

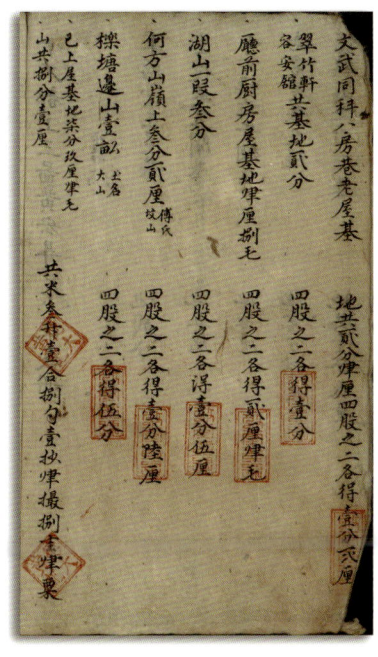
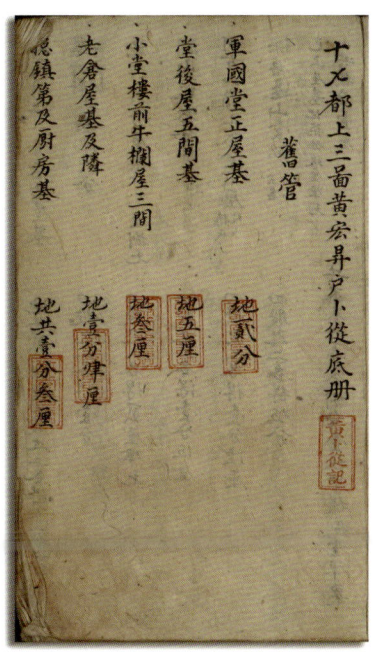

乾隆五十七年十七都上三图黄宏升户卜从底册

Huang Hongsheng Family's Land Record in the 57th year of thereign of Emperor Qianlong, Qing Dynasty

清 乾隆五十七年（公元 1792 年）
长 25 厘米 宽 15 厘米 厚 0.5 厘米

田宅是旧时民户最重要的财产，也是官府据以征税的重要基础。民间素有以"底册"载明田宅地亩实数及其变化之习惯。此为某地十七都上三图黄宏升户名下田宅地亩之底册。以四柱方式详列田宅名目、数量及变化。

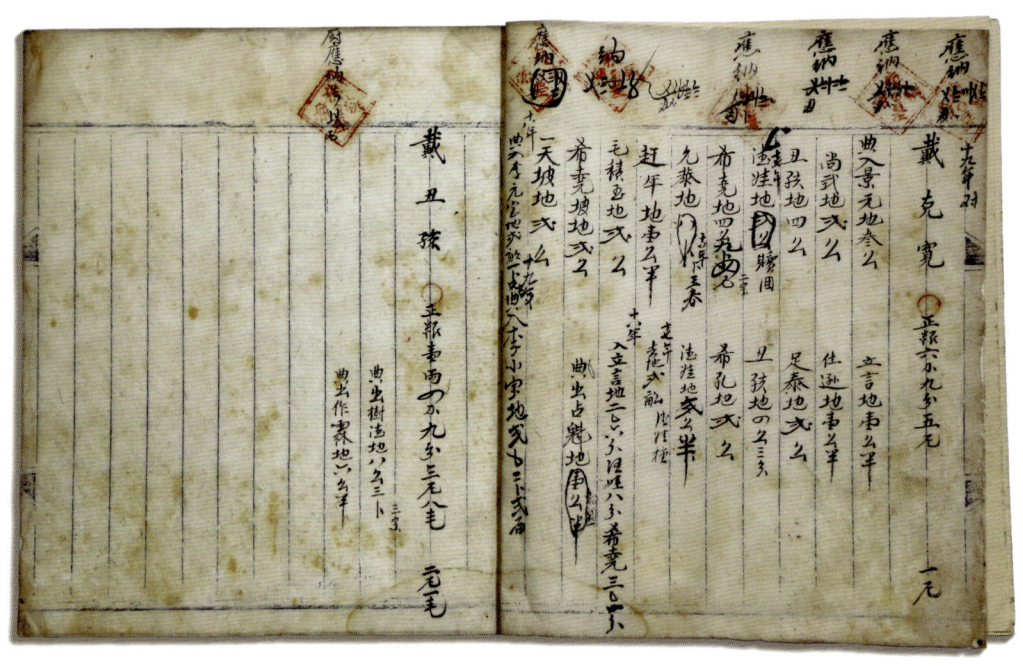

典当簿

Pawn Accounts

清末
长 26.3 厘米 宽 23.5 厘米 厚 0.7 厘米

土地典当业务记录簿。簿中户主皆为"戴"姓，可知为同一宗族民户的土地典当记录。每一人户下皆列正粮应纳银两数，并以上入下出方式详列典入、典出土地之户主及地亩数。上端写典入地亩应纳税银数，并盖有"粮差执照"印章。记录中多处有"十九年对"字样。

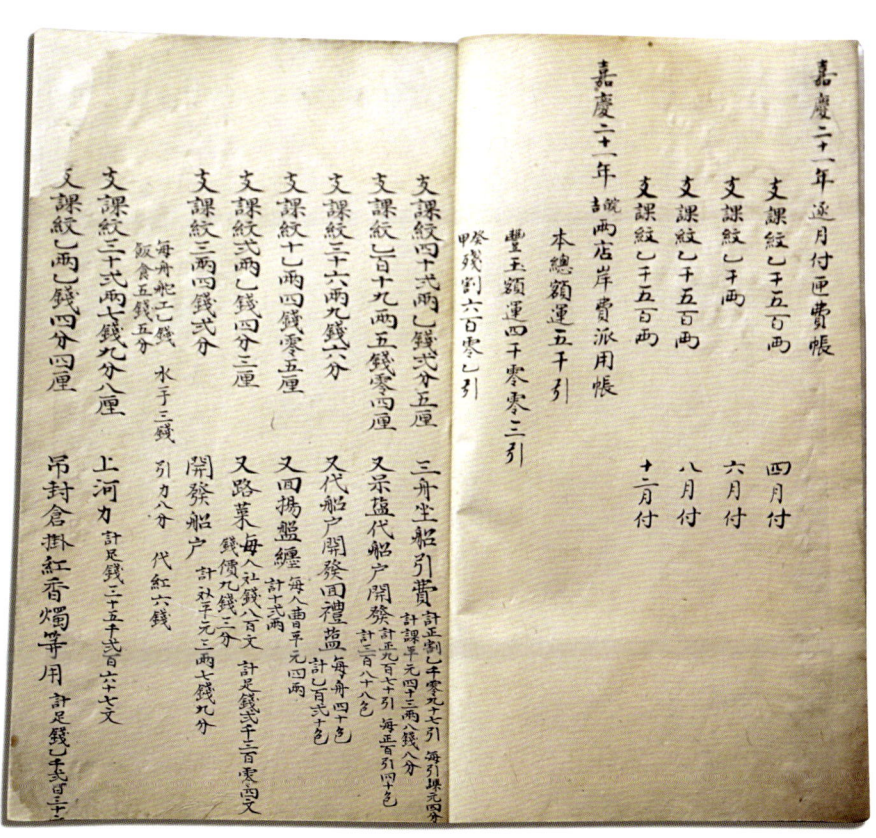

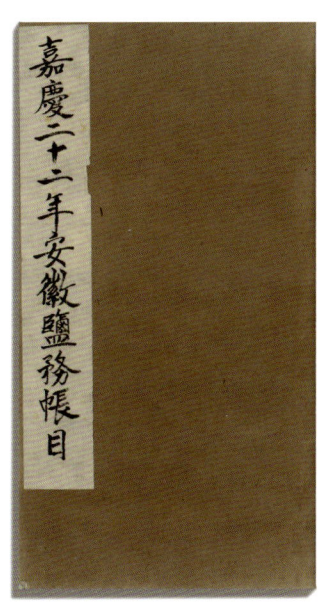

嘉庆二十二年安徽盐务账目

Salt Accounts of Anhui Province in the 22nd year of the reign of Emperor Jiaqing, Qing Dynasty

清 嘉庆二十二年（公元 1817 年）
长 23 厘米 宽 14.5 厘米 厚 0.9 厘米

总列嘉庆二十二年安徽盐务各类收支账目。起首数页记嘉庆二十一年逐月付匣费账及嘉庆二十一年吉皖两店岸费派用账。其后详列嘉庆二十二年各月收支课纹账和仓总账、嘉庆二十二年三月六令弟等由徽到皖支用细账、各会除支无着（欠款）总记等。

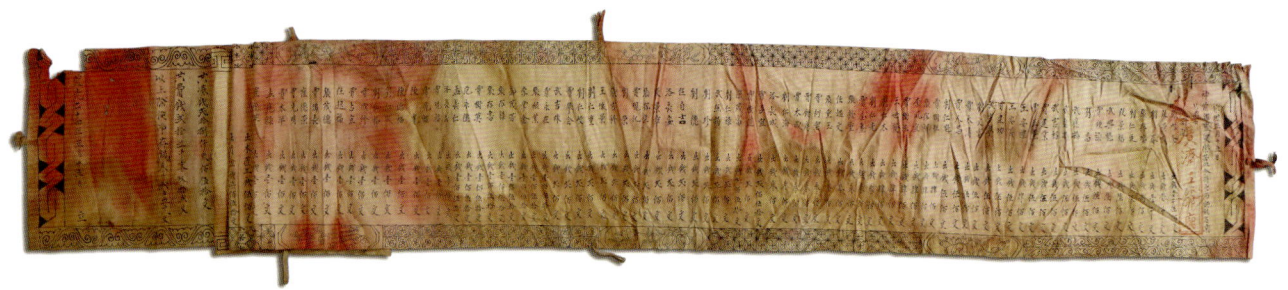

广济五爷庙神前
补置鼓乐器皿布施及开支账目

Accounts for Donation and Expenditure for Purchasing Musical Instruments for Guangji Wuye Temple in the 24th year of the reign of Emperor Daoguang, Qing Dynasty

清 道光二十四年（公元 1844 年）
长 332 厘米 宽 30 厘米

　　五爷庙是五台山香火最盛的寺庙。每年六月大会，这里都要大开山门，唱戏敬神。本件藏品记录五爷庙为补置鼓乐器皿接受布施及开支的情况。共凑钱二十八千三百五十文，费钱二十五千零九十二文，除支净存三千二百五十八文。收支账目写在布面上张榜公布，具有表扬和财务公开双重意义。

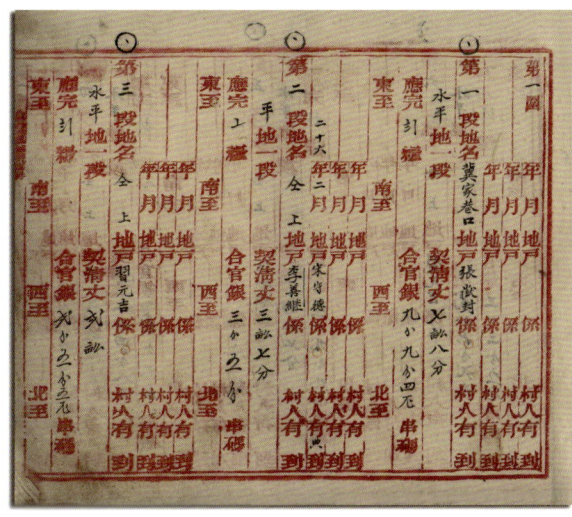
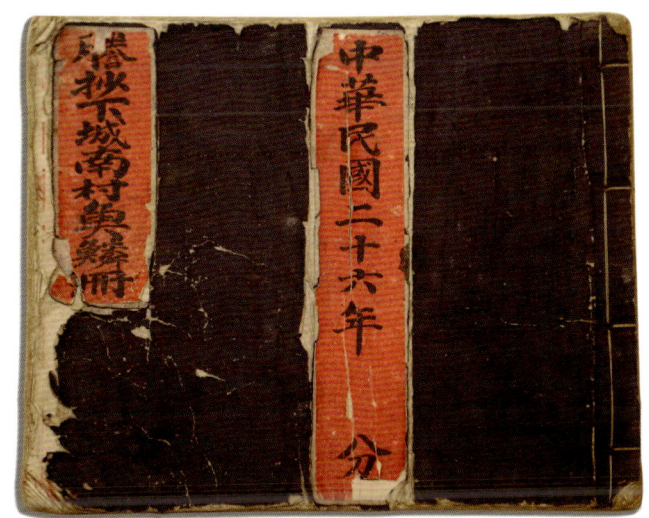

誊抄下城南村鱼鳞册

A Copy of the "Fish Scale" Land Registry of a Village

民国二十六年（公元 1937 年）
长 27 厘米 宽 23 厘米 厚 1.5 厘米

　　鱼鳞册是旧时官府为征派赋役和掌握田产现状而编制的土地登记册。田地山塘挨次排列，丘段连缀地绘制在一起，标明所有人、四至，形似鱼鳞，因而称为"鱼鳞册"，亦称"鱼鳞图册""鱼鳞图""鱼鳞图籍""鱼鳞簿"。宋时婺州等地即曾编造。明洪武年间命各州县分区编造，成为一种系统的制度，至民国时期仍有造册之举。此为民国时期誊抄的下城南村鱼鳞册，详列地段名、地户、地段性质、清丈所得地亩数、应完粮数、折合官银数、四至等。

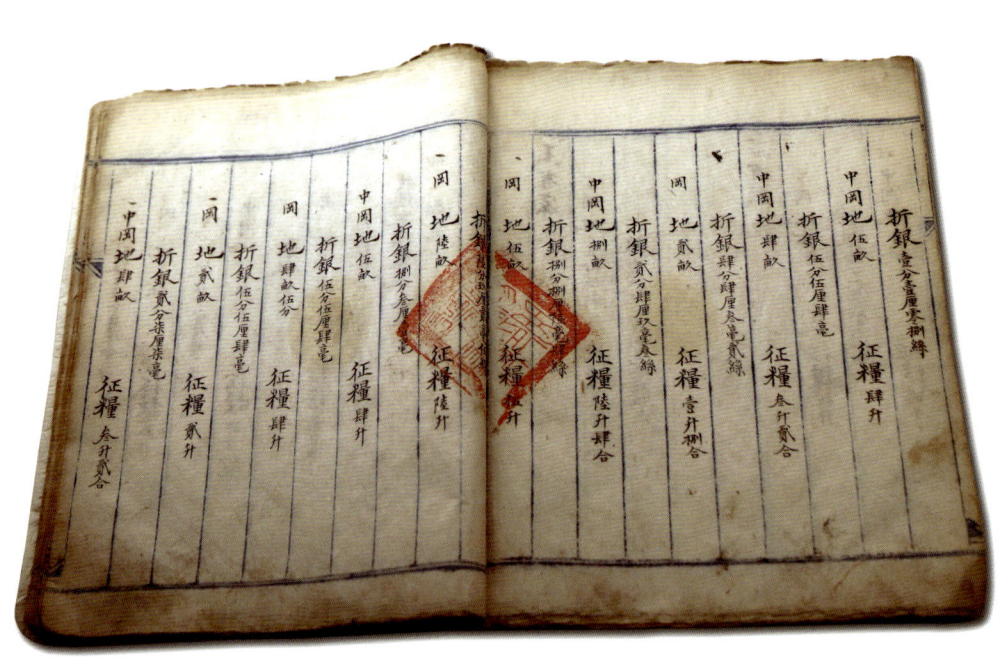

阳关县地亩税粮折银册

Yangguan County's Book for Grain and Silver Tax

清末
长 28.5 厘米 宽 24 厘米 厚 0.6 厘米

地方政府用来记录按地亩应向农户征粮数的簿册。详列各个农户不同地块亩数、征粮数、折银数。每页骑缝盖有满汉文对照的阳关县印。

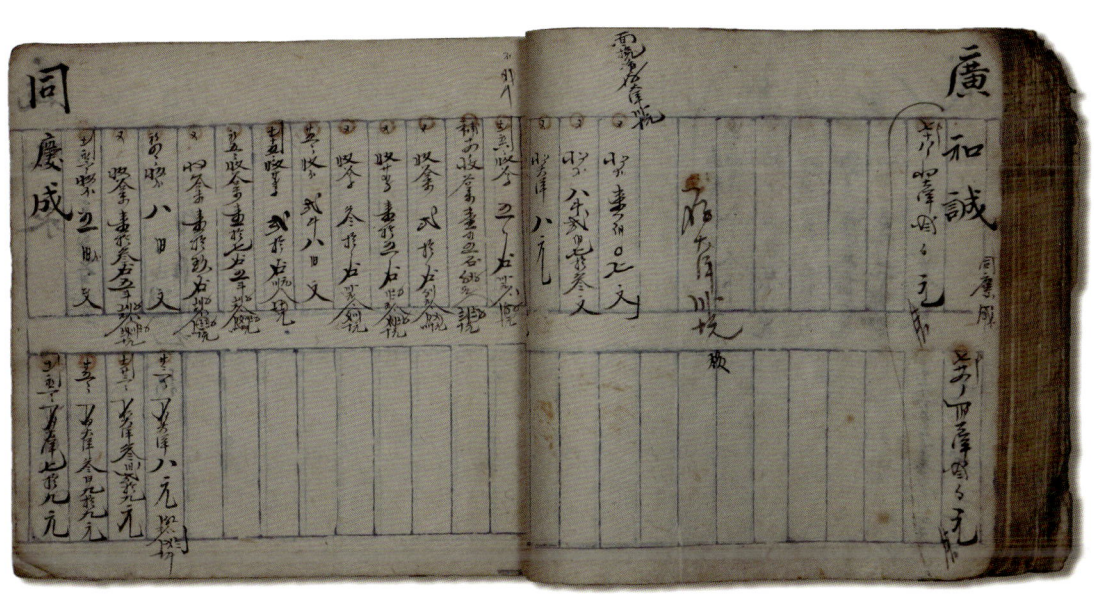

民国九年石坡村牙用簿

Accounts Book of a Brokerage in 1920

民国九年（公元1920年）
长 24.5 厘米 宽 21 厘米 厚 1.3 厘米

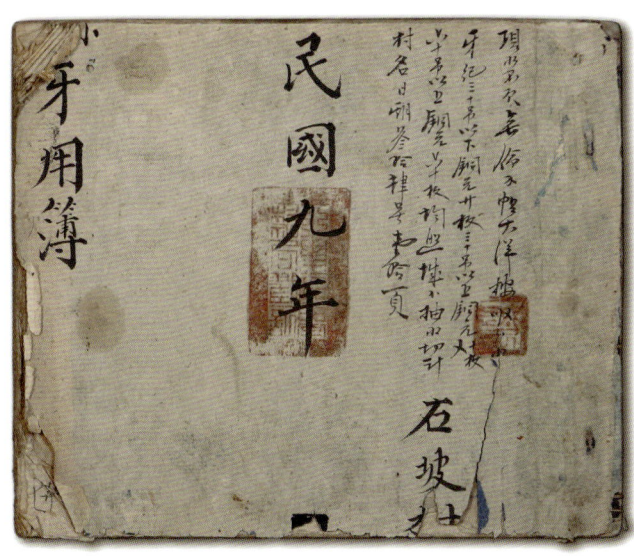

旧时经纪称为牙行。此为一牙行从石坡村交易中收取佣金的记录簿。封面写有："……牙纪三十吊以下铜元二十枚，三十吊以上铜元四十枚。六十吊以上铜元六十枚。均照诚心抽收。切计村名日期，三十四号一十页。"

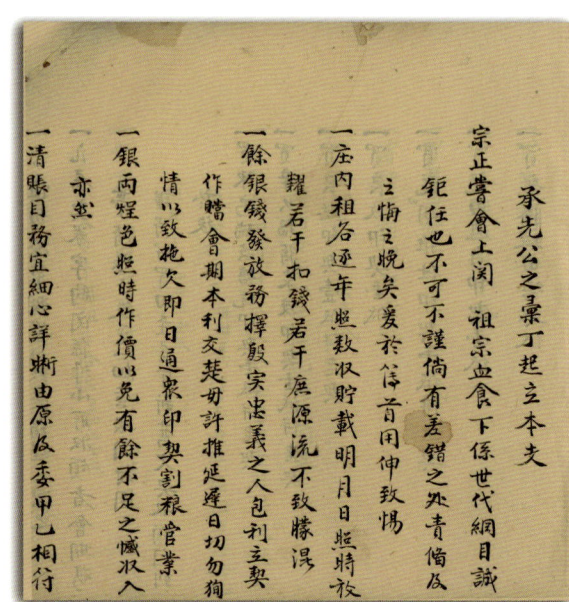

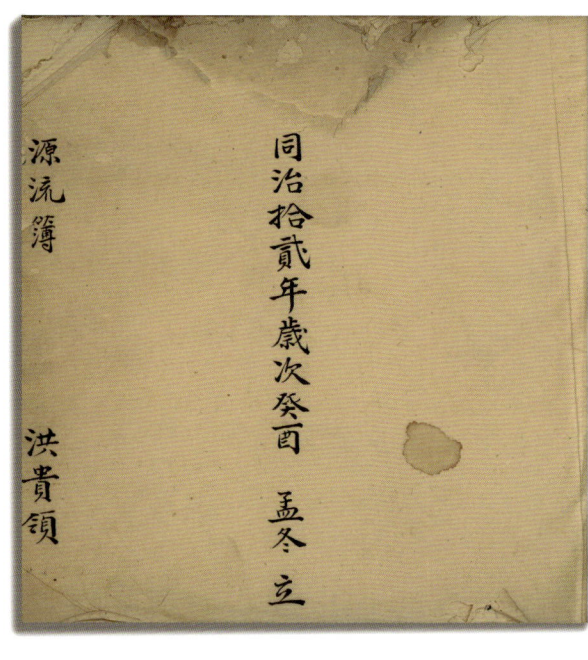

源流簿

Book of Original Entry for Rent Collection and Expenditure of a Clan in the 12th year of the reign of Emperor Tongzhi, Qing Dynasty

清 同治十二年（公元 1873 年）
长 24 厘米 宽 23 厘米 厚 1.3 厘米

　　同治十二年岁次癸酉孟冬立源流簿，洪贵领（收）。所谓源流簿，是宗族中为了续延祖祀，通过置办田宅产业、出租收利而满足祭扫及宗族内救济的业务记录簿。如本簿中所云："祖宗血食下系世代纲目，诚巨任也，不可不谨。"本簿在说明收租及钱产、账目管理的各项要求后，列示了所买田产屋宇新旧文契收领详情及收租、支用情况。

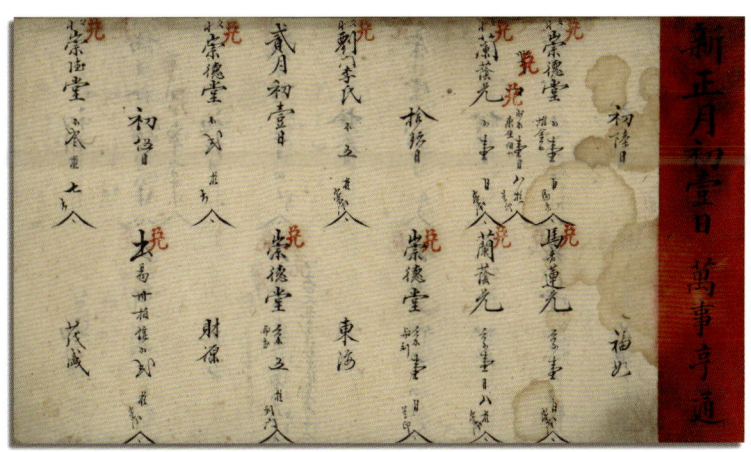

辐辏财源收取钱文流水宝账

Daily Journal of Cash Receipt and Disbursement of "abundant financial resources" in the first year of the reign of Emperor Xuantong, Qing Dynasty

清 宣统元年（公元 1909 年）
长 33 厘米 宽 16.5 厘米 厚 0.8 厘米

辐辏，形容人或物聚集像车辐集中于车毂一样。辐辏财源寓意财源茂盛。本账逐日记录收取银钱数目。首页右侧红纸书写"新正月初一日万事亨通"，喻示主人对未来收入信心满满，期许无限。账簿采用上收下出的传统中式账簿格式。更为特别的是，每页记录间隙，皆写有各种吉祥词语，如第一页写"福如""东海""财源""茂盛"，第二页写"元亨""利贞""四时""如意"。

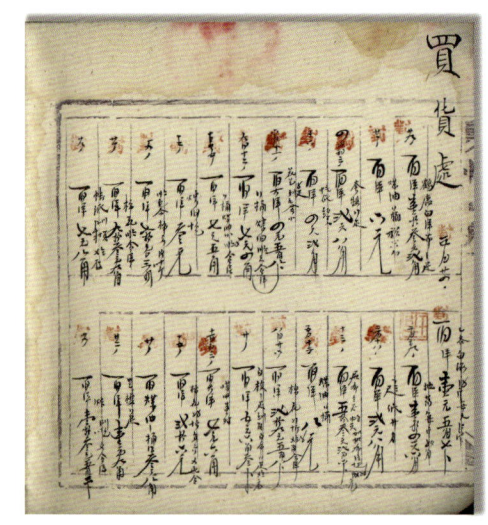
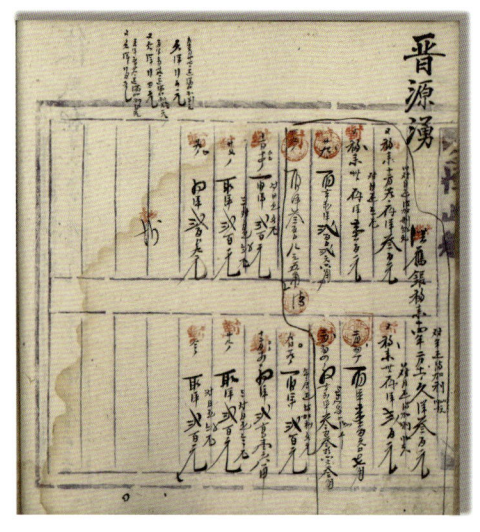
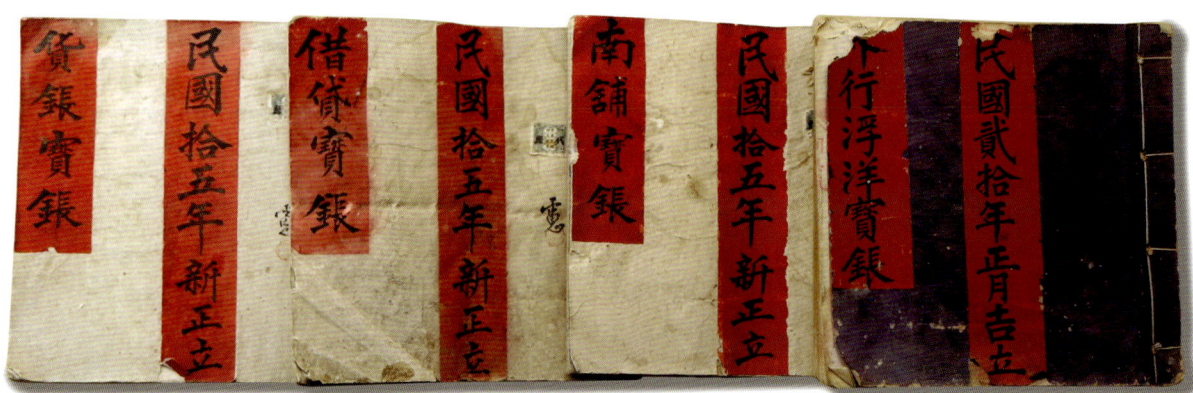

晋商集义成号账簿

A Set of Jin Merchant Jiyicheng's Accounts Books

民国十二、十五年（公元 1923、1926 年）
长 24.6 厘米 宽 24 厘米 厚 2.6 厘米

　　晋商通常指明清以来数百年间的山西商人，多经营各类货物贸易及票号等业务，尤以票号最为著名。集义成号业务以收存和放贷为主，兼营布匹买卖。其外行浮洋宝账、南铺宝账、借贷宝账皆为商号和个人存、借银钱的记录，货账宝账则是买卖布匹的记录。每笔记录都经过核对，盖有"对"字戳记。

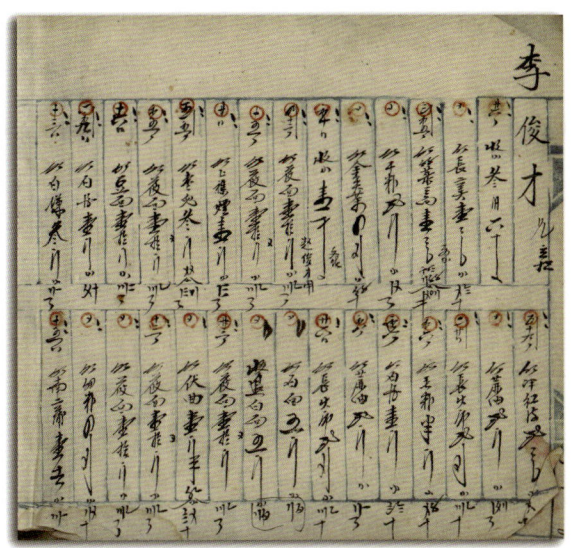
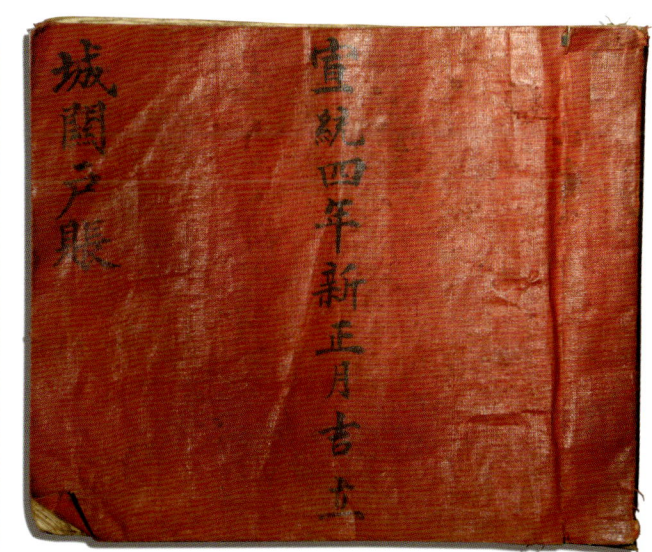

宣统四年城关户账

Downtown Accounts
in the 4th year of the reign
of Emperor Xuantong,
Qing Dynasty

清 宣统四年（公元 1912 年）
长 25.7 厘米 宽 21.8 厘米 厚 1.6 厘米

　　某商铺按客户姓名设置的城关户销售明细账，封面题写"宣统四年新正月吉立城关户账"。事实上，1911 年（宣统三年）辛亥革命后满清政府被推翻，宣统纪年即已结束。1912 年为民国元年，但本账依然使用宣统年号纪年，于是就有了宣统四年。此类特殊的纪年在会计记录中多有出现。本账分户记录商铺对个人的销售情况，涉及干粉、茶叶、莜面、白酒、豆面、杂烟、白面、麻油等商品。

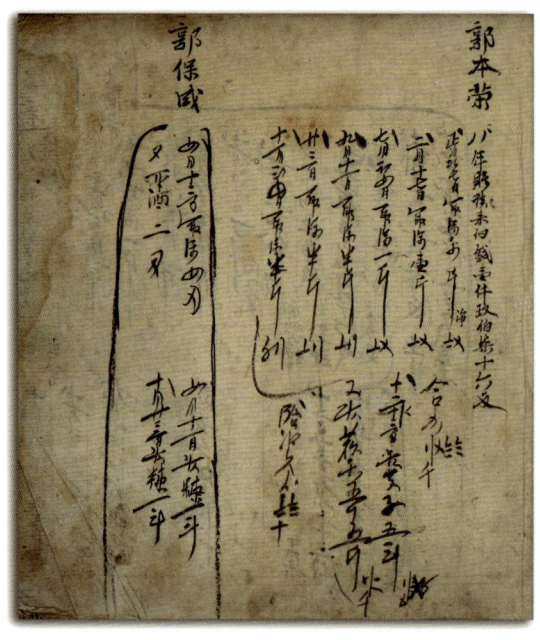
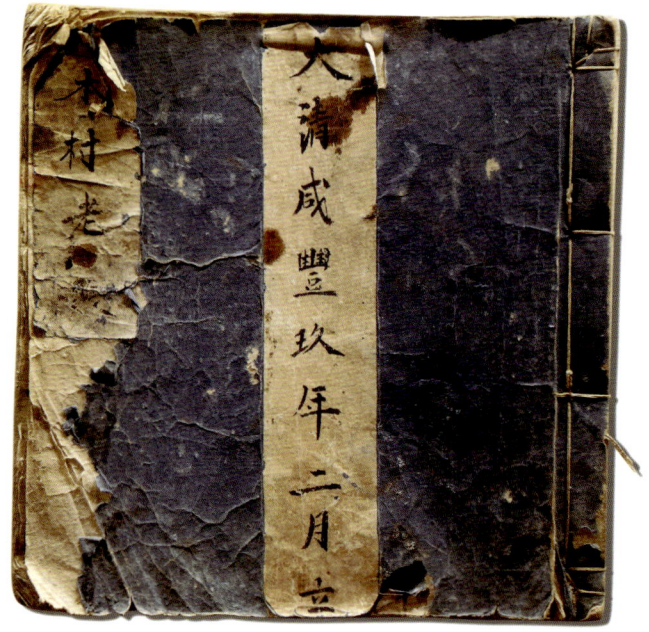

大清咸丰九年本村老账

The Old Accounts of the Village set in the 9th Year of year of the reign of Emperor Xianfeng, Qing Dynasty

清 咸丰九年（公元 1859 年）
长 25 厘米 宽 25 厘米 厚 1.8 厘米

　　本村老账是旧时中式账簿中常见的一种账簿，通常用以记录与本村民众及商号间的货物及银钱往来。本账为一个郭姓为主的村庄中的酒坊记录本村往来的账簿。按人名分户，起首记"八年账移来旧钱XX"，然后详细记录取用商品（酒、干粉等）、收受钱物（糠等）详情，如"二月初八日取酒六两24文（苏州码）""五月二十日收糠八斗"。

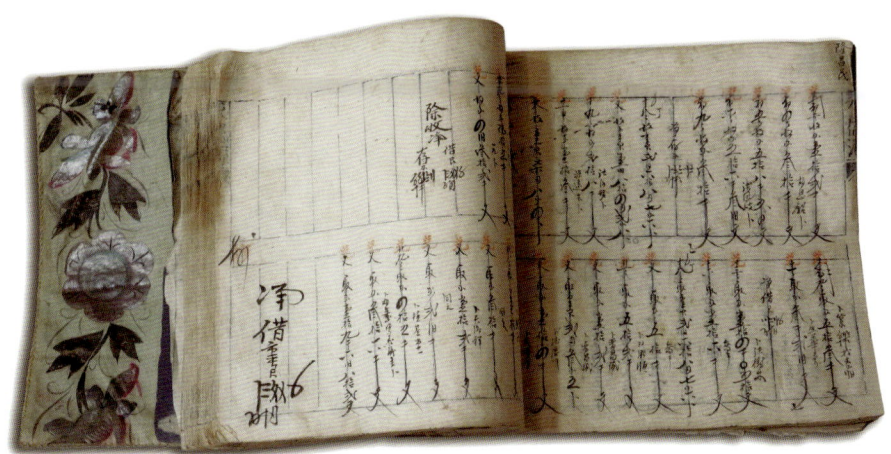

"巧夺天机"油布面账

"Qiao Duo Tian Ji"
Accounts covered by Canvas

民国（公元 1912–1949 年）
长 25 厘米 宽 21.3 厘米 厚 1.6 厘米

某钱庄分户存贷往来账，按商户名称分别记录往来明细，上部记收、存，下部记取、借。每户最后皆结出净存（借）银、钱数。本账簿用油布加装封皮，并绘有装饰性纹样及花卉，正中写"巧夺天机"。

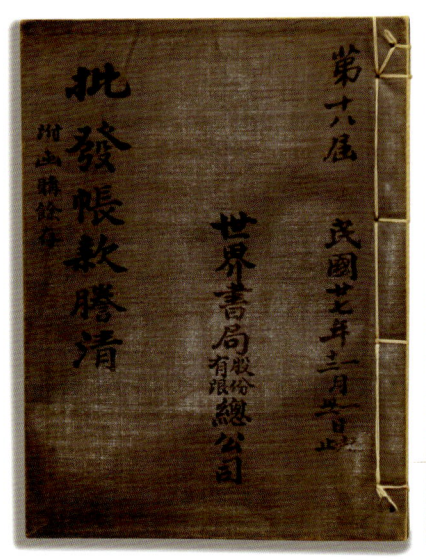
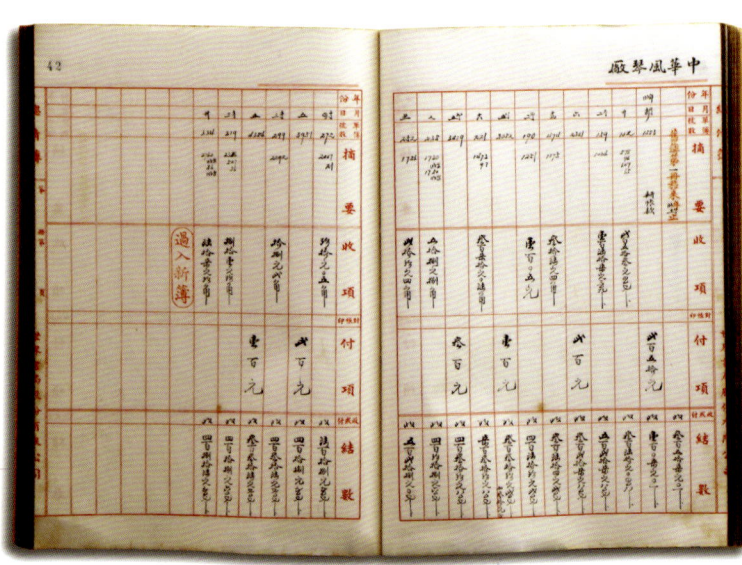

世界书局批发账款誊清账

World Book Store Wholesale Copying Accounts

民国二十七年（公元1938年）
长27厘米 宽20厘米 厚1.8厘米

世界书局是民国时期一家民营出版发行企业。1917年由沈知方创办于上海。1921年从独资改组为股份有限公司，在各大城市设分局30余处。初期以出版小说为主。从1924年起，编辑出版中小学教科书，与商务印书馆、中华书局出版的教科书三足鼎立。此为该公司批发账款誊清账，采用改良中式账簿，字体工整、记录清晰。

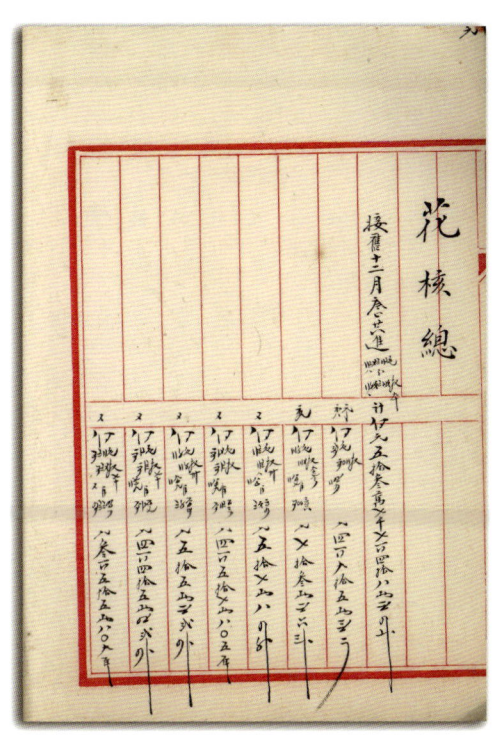

大有余花核总清

Da Youyu General Clearing

民国丁卯年（公元 1927 年）
长 25 厘米 宽 18.5 厘米 厚 3.3 厘米

民国初，宁波商人朱葆三等筹集 10 万银元创办了大有余机器榨油厂，至民国十年（1921 年），因资金周转不灵，朱葆三将工厂转让给同是宁波商人的方椒伯。方椒伯将工厂改为大有余机器榨油股份有限公司。1926 年，时任上海总商会副会长的方椒伯让公司生产的食用油参展美国费城世博会，荣获"丙等金奖章（植物油类）"。此账簿为大有余公司 1927 年的总清账，用上收下付的形式，记录了"花核总""清花油""毛花油"三部分内容，每部分都是按月结算。

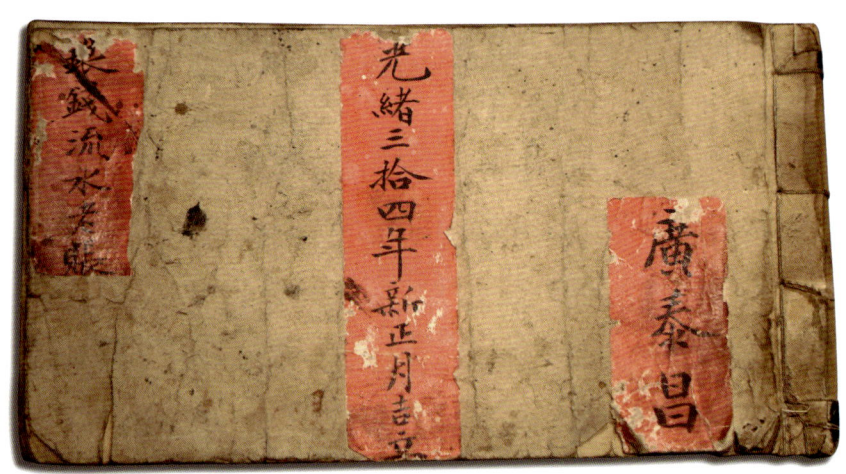

广泰昌银钱流水老账

GuangTaichang Silver and Coin Flowing Old Accounts

清 光绪三十四年（公元1908年）
长31厘米 宽16.5厘米 厚0.8厘米

首页写"新正月举笔写进财神来大吉"。以流水账形式详列各项收支。首页支出中有"买账本三本七百一十文"和"买长条账一本二百四十文"的记录。

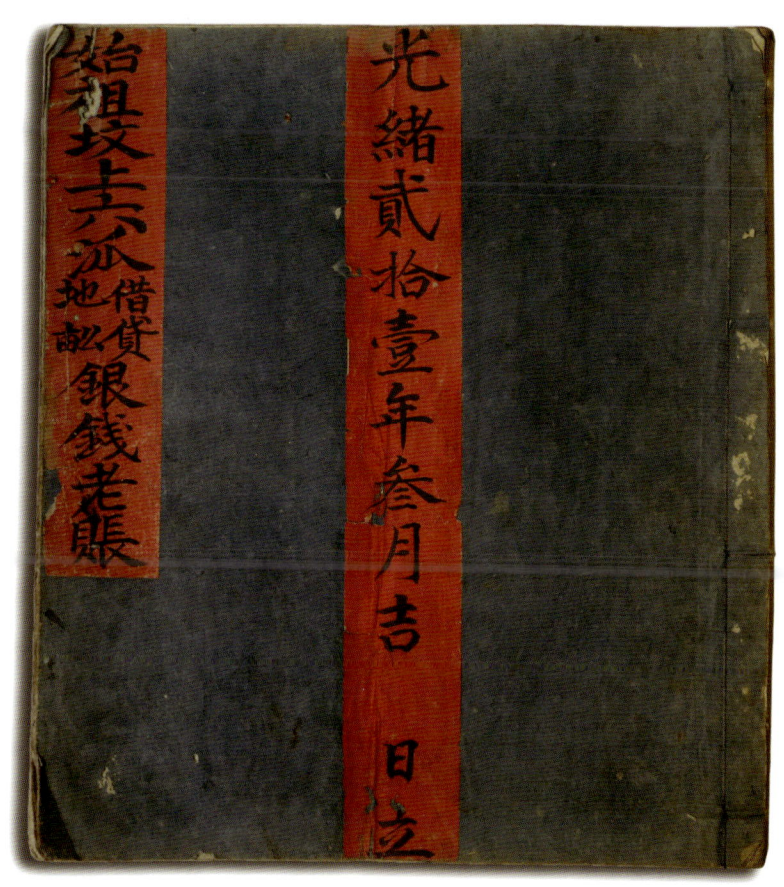

始祖坟上六派（gu）借贷、地亩银钱老账

The Accounts for Borrowing Money and Renting Lands in Liang's Family

清 光绪二十一年（公元 1895 年）
长 27 厘米 宽 23.5 厘米

这是某地梁氏宗族借贷收息的记录簿，记录自光绪时至民国六年宗族内各户借去本钱、收回本息及租种地亩等事项。多处记有"月利一分五厘""年满一分行息""有借约一张""过民国七年账上"等字样。中有言明："坟上众人公议，租地者一限五年为满限，限满一概另租。亦不准坟上人出名租地让于外人耕种。被人查出，罚钱五千文，必不宽贷，是以规矩于后。"

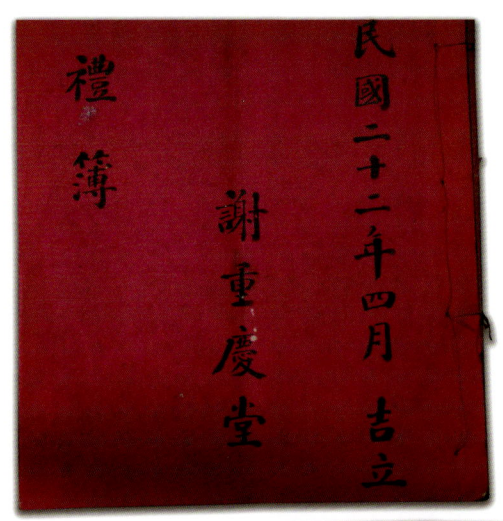

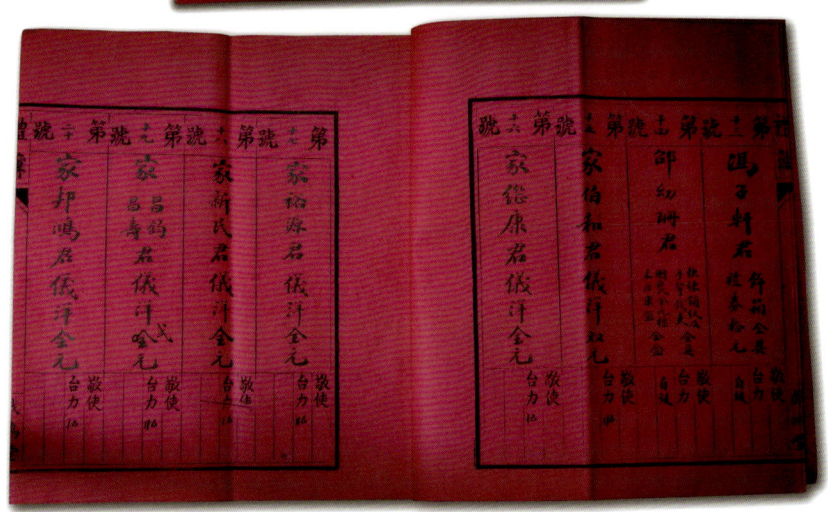

民国二十二年谢重庆堂礼簿

Xie Chongqing Family's
Wedding Presents List

民国二十二年（公元 1933 年）
长 26 厘米 宽 23.5 厘米 厚 0.6 厘米

礼簿是红白喜事中记载收礼明细的记录簿，一般请书法较佳者书写。主人家通常会精心收存礼簿，遇到亲朋好友、相邻人家办事，则依照礼簿记录筹划如何还礼。此件为谢重庆堂次女出嫁时的礼簿。扉页记有："国历四月十三日次女佩珩于归，蒙诸亲友族宠赐隆仪，谨登台衔于左"。本礼簿实记 50 页，每页 8 人，共 400 人。一一详列所收礼品、仪洋（礼金）、礼券细数。礼金、礼券金额皆为双数，二元多写为"双元"，十元写为"全元"。

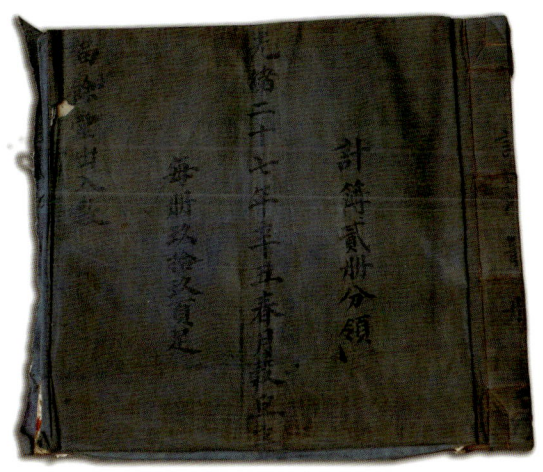

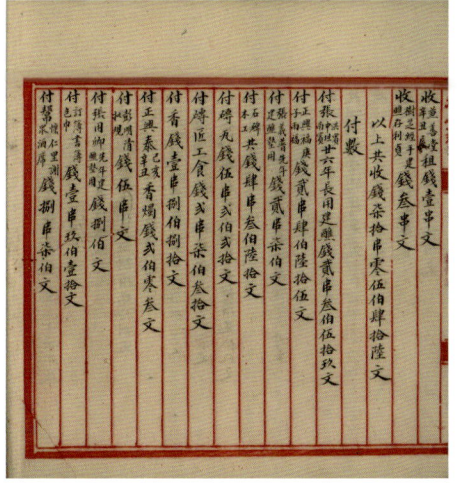
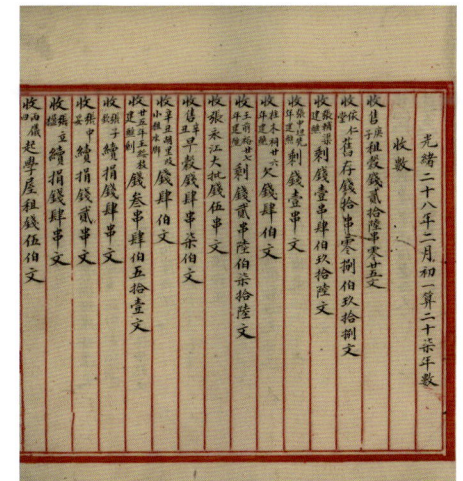

福余堂出入账

Fuyutang Income and Expenditure Accounts

清 光绪二十七年（公元 1901 年）
长 26 厘米 宽 23 厘米 厚 0.7 厘米

此为名曰"福余堂"的宗社组织为庙产管理及祭祀等各项事务而设立的收支账簿。起首为序，详述庙宇管理维修相关事实及设立本账之起因，其次录公议规条，概六条，涉及庙内祭祀用度标准、管理人员、账簿设置、建醮程序及亏空处理、租谷出卖的程式及定价、庙内房屋借以起学收租的有关规定。关于账簿，有"簿二册，分领于春祭时，用楷书，二簿同登。倘领簿者有故不能亲来，即着人送簿来，庶免延搁"之规定。

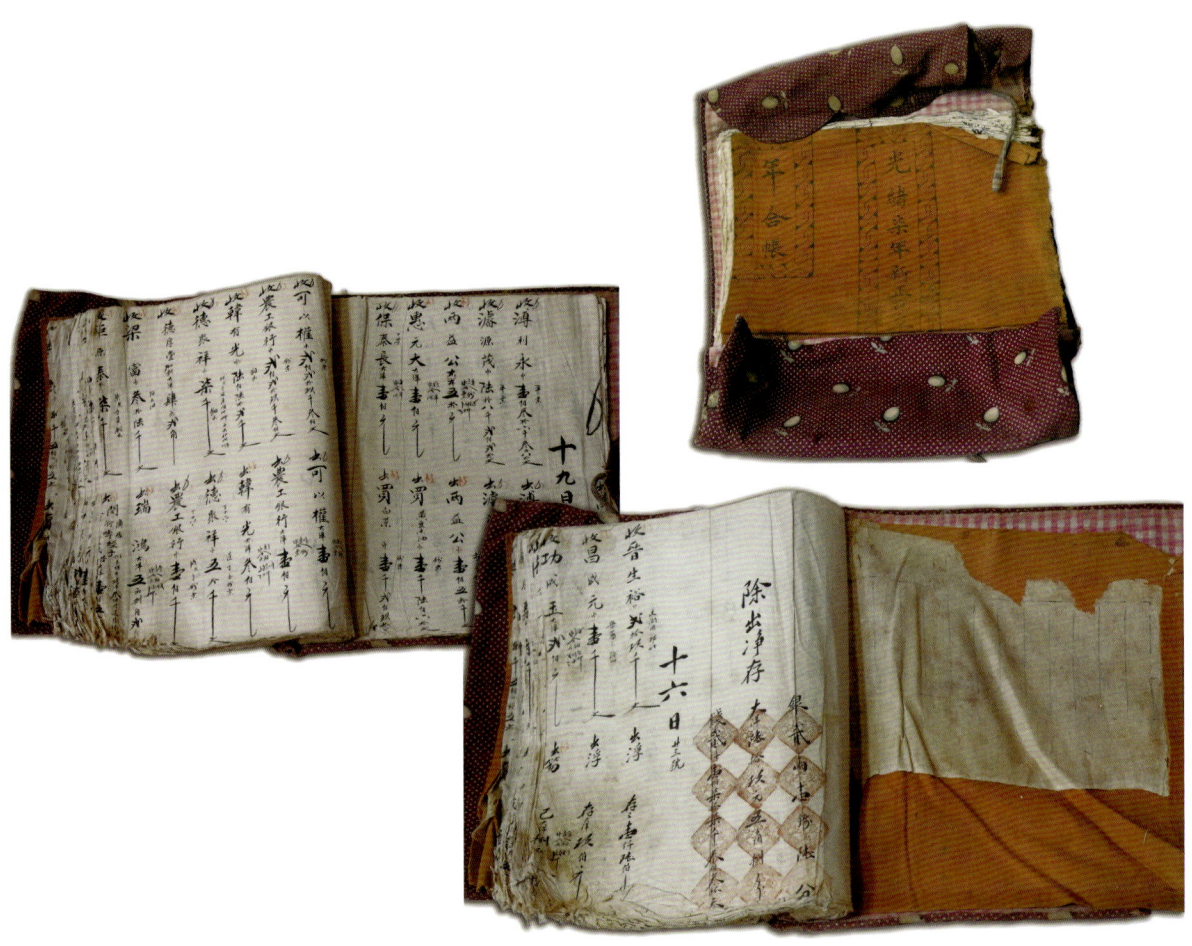

晋商协纯庆记光绪七年年合账

Xiechunqing Firm's Annual Settlement Accounts set in the 7th year of the reign of Emperor Guangxu, Qing Dynasty

清 光绪七年（公元1881年）
长26厘米 宽24厘米 厚0.9厘米

山西文水县协纯庆记钱庄各号银钱往来账，立于光绪七年（公元1881年），上收下出，逐日登记于各商号的银钱往来，并定期结算除出净存数（银、大洋、钱分列）。账簿用花布面封套包裹，便于在携带时提供保护。布制封面上写"年合账"。晋商所称"合账"，通常是指按账期（一般至少三年为一个账期）结算分红，"合账"一词源自中式复式账法"龙门账"的合龙门。此账称"年合账"，意指按年结平账目。

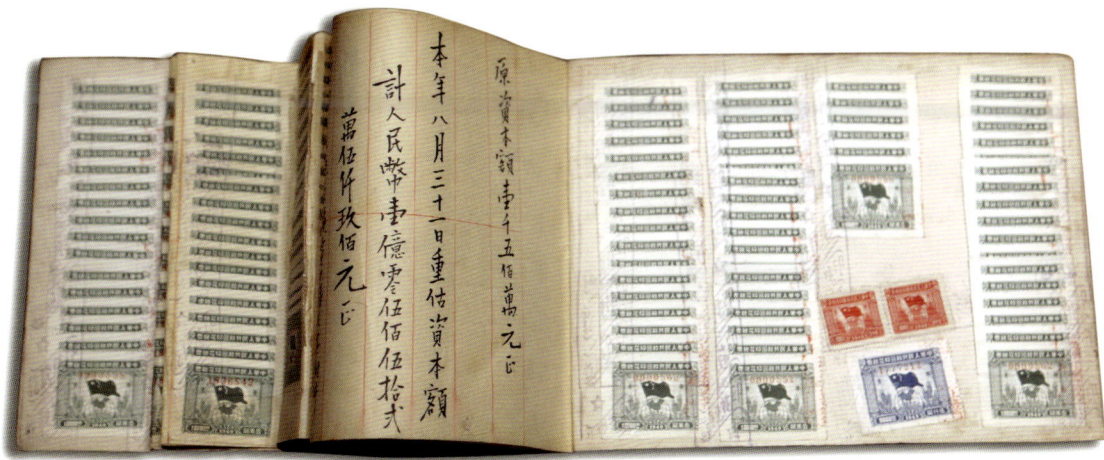

王长记铁厂资本簿

WangChang's Ironworks Capital Book

民国三十八年（公元1949年）
长26厘米 宽23厘米 厚0.8厘米

上海王长记铁厂解放初的资本簿。首页开头记："原资本额壹仟伍百万元正。本年八月三十一日重估资本额，计人民币壹亿零伍百伍十贰万伍仟玖百元正。"其后详列各项具体资产价值。解放后采用人民币记账，对资产进行重估价，资本额有了很大变化。由于当时物价腾飞，近百页的账簿，大部分页面（包括封二）贴满了印花税票。

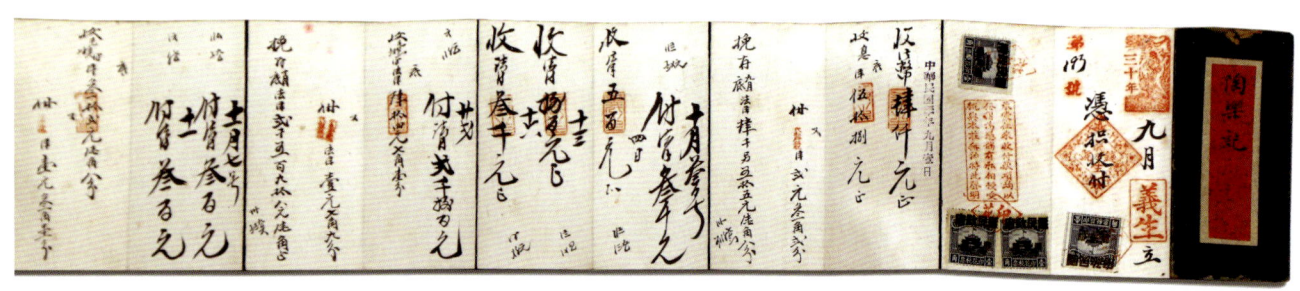

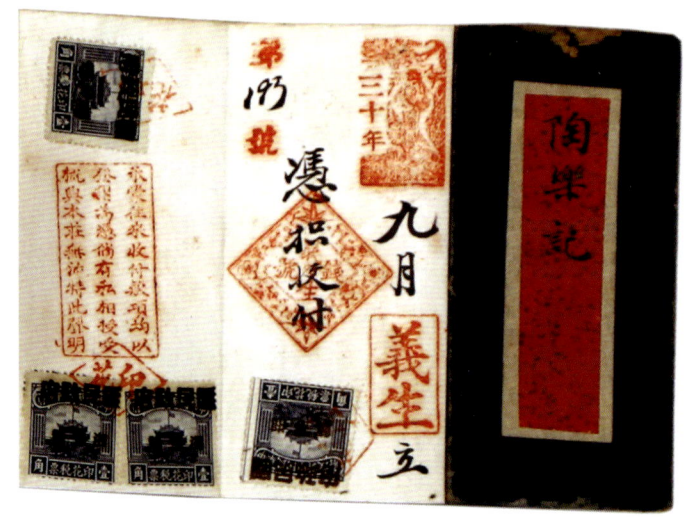

义生号台执

Yisheng Firm's Hand Folding

民国三十年（公元 1941 年）
总长 150 厘米 宽 10.5 厘米

义生钱号存折，第 193 号。首页写明"凭折收付"。第二页有声明："承蒙往来收付款项，均以登折为凭，倘有私相授受，概与本庄无涉，特此声明。"本折为民国三十年九月一日立，详细登记收、付款项细数。九月份存款四千元正，收息五十八元正，付代扣所得税二元三角二分。

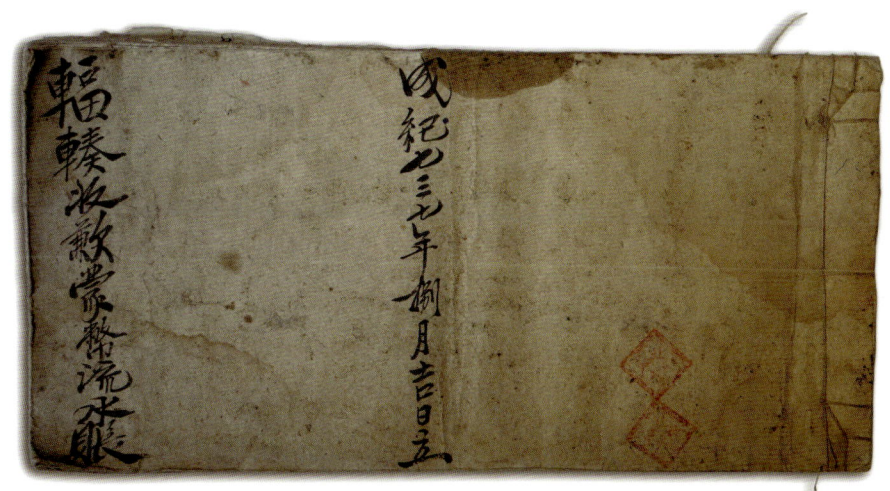
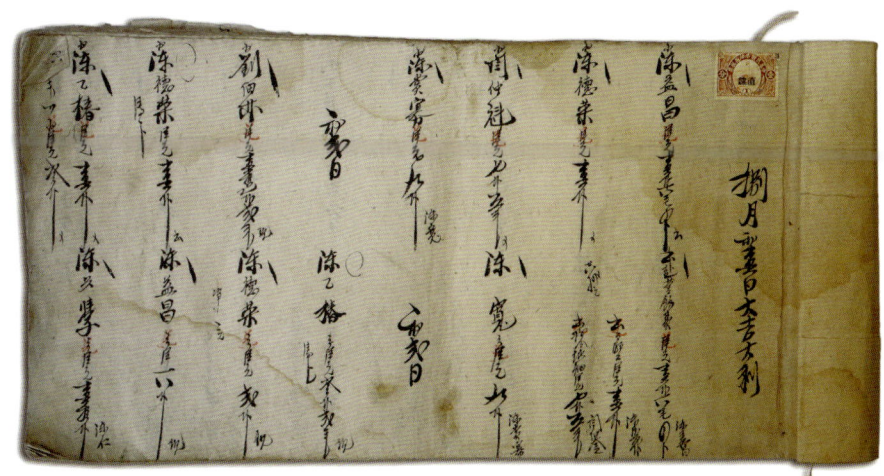

成纪七三七年辐辏收歉蒙币流水账

Daily Accounts for Receiving and Paying Mongolian Currency

成纪七三七年（公元 1942 年）
长 43 厘米 宽 21.8 厘米 厚 2.2 厘米

满蒙时期河北蔚县商号流水账。本账采用成纪纪年。成纪纪年是日本扶植的伪"蒙疆联合自治政府"使用的纪年方式，即以 1206 年铁木真称成吉思汗之年为成纪元年。公元 1936 年 2 月 10 日，德王在日本扶持下成立所谓"蒙古军总司令部"，宣布"改元易帜"，改用成吉思汗纪年（当年为成纪 731 年）。本账不同于当时一般账簿的是采用蒙币作为记账本位币，为了强调这一特点，账簿封面标题中特别使用"蒙币流水账"。

1753年英国手写账目
British Handwritting Accounts in 1753

英国 1753 年
长 99.5 厘米 宽 20.7 厘米

1753年英国杂货店手写账目。详细记录各种日用品销售情况，以及与一些主要客户的往来账目。主要商品包括生姜（ginger）、肉豆蔻（mace）、西梅干（prunes）等。

明治三十三年日本当所账
Japanese Pawnshop Accounts Book

日本 明治三十三年（公元 1900 年）
底长 44 厘米 顶长 19 厘米
宽 15 厘米 高 20 厘米

日本当所（当铺）账簿合订本，详细记录明治三十三年当所各项收支，共 27 本账合订在一起，是中国会计博物馆目前所藏合订账簿数量最多的一件。为了便于携带和保管，日本账簿常采用定期合订方式，并用麻绳或布条做成提手，为日式账簿之一大特色。

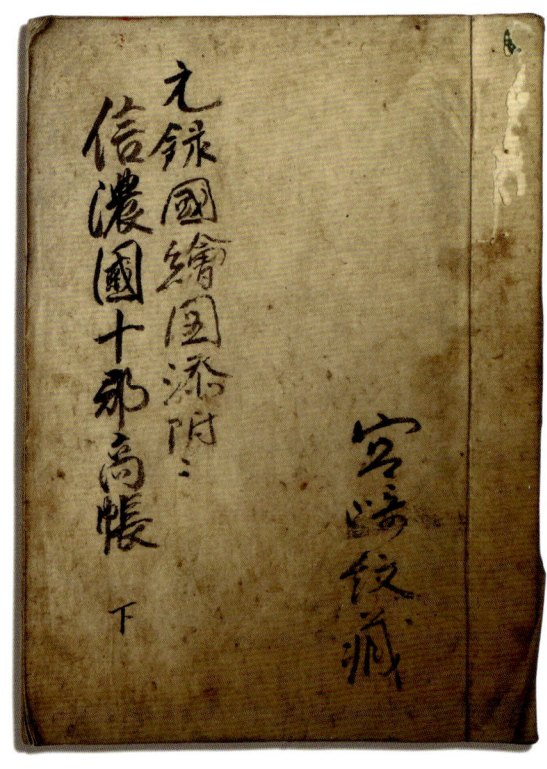
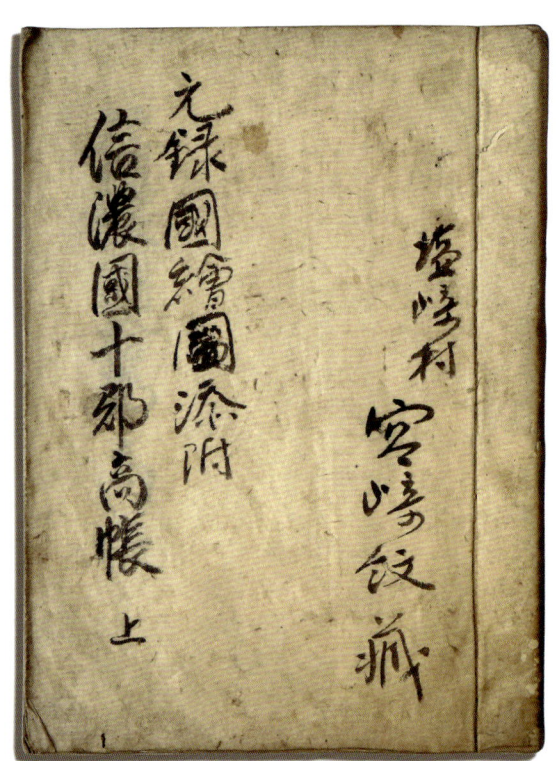

元禄十五年信浓国十郡高账

Grain Accounts of the Ten Counties of Xinnong Nation in Ancient Japan

日本 元禄十五年（公元 1702 年）
长 27.5 厘米 宽 19.6 厘米 厚 1.5 厘米

日本江户时代前期信浓国十郡各村粮食产量账，详细记录十郡下属各村天禄十五年的粮食产量，各郡分别有产量小计，并写明所辖村的数量，比如伊那郡，二百九十八个村。信浓国是日本古国之一，属东山道，俗称信州、科野。下设伊那、诹（zou）访、筑摩、安昙、更级、水内、高井、埴科、小县、佐久十个分郡。此为更级郡塩崎村宫崎纹藏信浓国十郡高账，分上、下两册。

1808 年往来账

Accounts Receivable Ledger in 1808

美国 1808 年
长 39.5 厘米 宽 17 厘米 厚 1.5 厘米

美国某公司 1808 年往来账，按人名分户，详细记录公司各项业务往来。本账簿距今已有 207 年历史，是中国会计博物馆藏品中历史最久远的西式账簿。

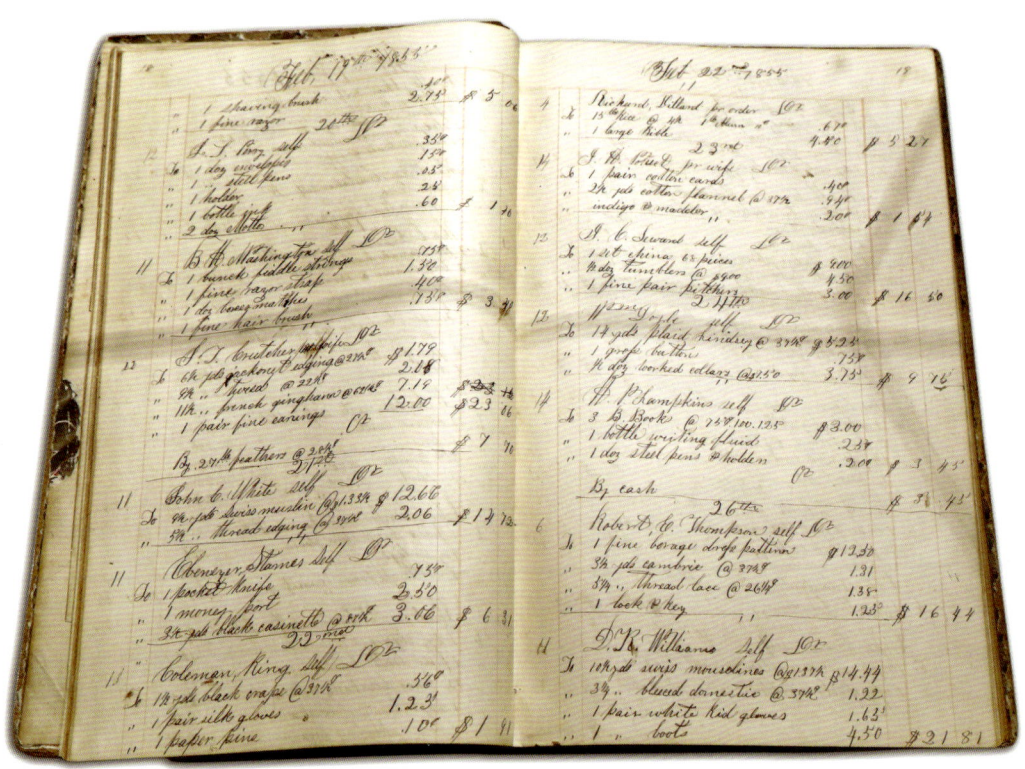

马歇尔·皮卡德账簿

Marshal Pinkard's Accounts

美国 1849 年
长 32.5 厘米 宽 20 厘米 厚 1.4 厘米

本账簿是一本极为特殊的账。同一本账中综合了分类账、序时账、总账等功能,包括购蒸汽船、股票,出售农场等业务记录。其中还有涉及瓷器交易的记录。

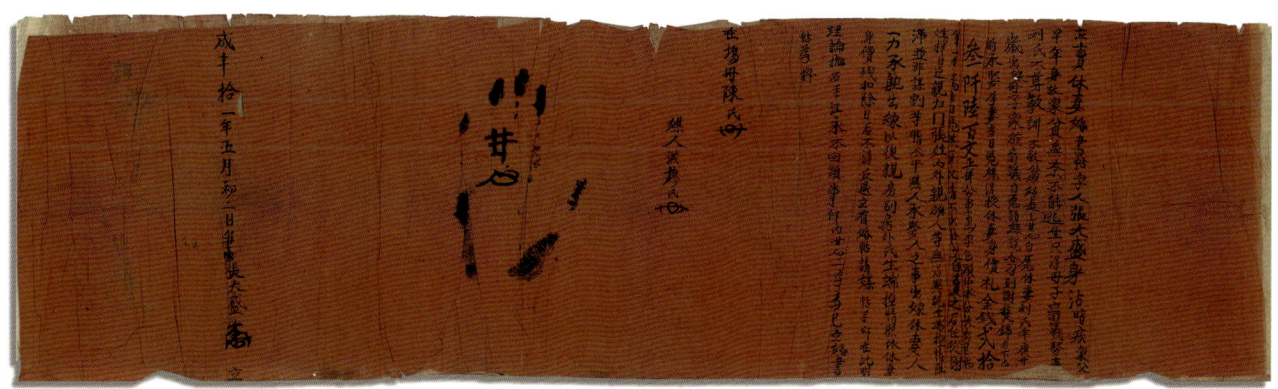

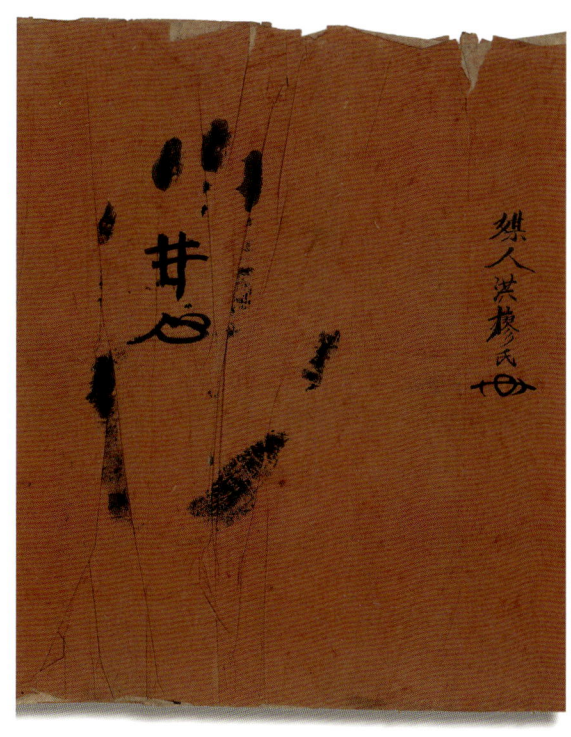

咸丰十一年"甘心"休书

Divorce Certificate with the Word "Willing" on It

清 咸丰十一年（公元 1861 年）
长 99.5 厘米 宽 25 厘米

休书是旧时男女双方解除婚约时由男方出具的书面证明。此为张大盛写给妻刘氏的休书。名为休妻，实为卖妻。其中言明："当日凭媒得授休妻身价礼金钱二十三千六百文正，并公堂画字包头酒水分伙出呈执笔一并在内。当日凭媒一并收清，不少分文。自卖之后，任从谢姓择日迎亲归门。张姓内外亲族人等无得异说生端，捏情阻滞。"掌印内书"甘心"二字，意为妻刘氏甘心被休。

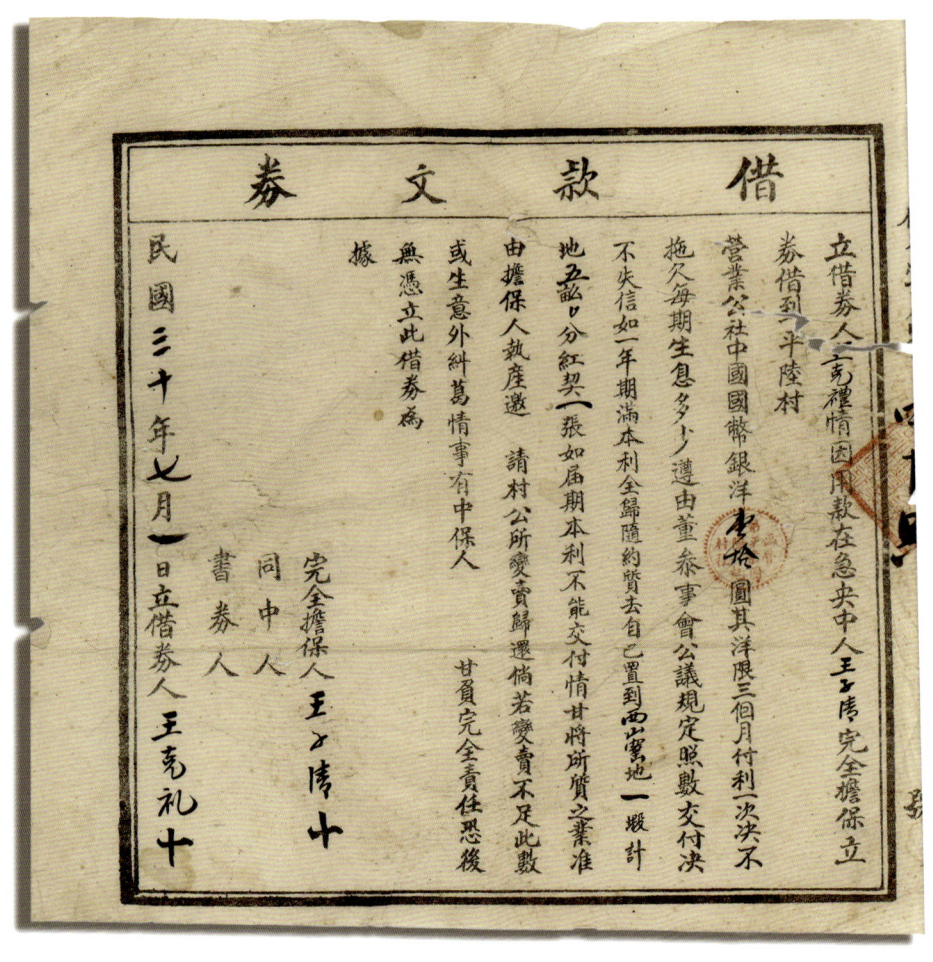

民国三十年王克礼借款文券

Loan Voucher of Wang Keli in the 30th Year of the Republic of China

民国三十年（公元 1941 年）
长 41 厘米 宽 41 厘米

　　这是一份民国时期村民在担保情形下向村社组织借券的契据。立借券人王克礼因紧急用款，央中人王子清完全担保，立借券借到平陆村营业公社中国国币银洋壹拾元，其洋限三个月付利一次绝不拖欠，每期生息多少遵由董参事会公议规定，照数交付，绝不失信。如一年期满，本利全归。借券中写明随约质去借款人王克礼自己置到土地一段，红契一张。如届期本利不能交付，情甘将所质之业准由担保人执产邀请村公所变卖归还。

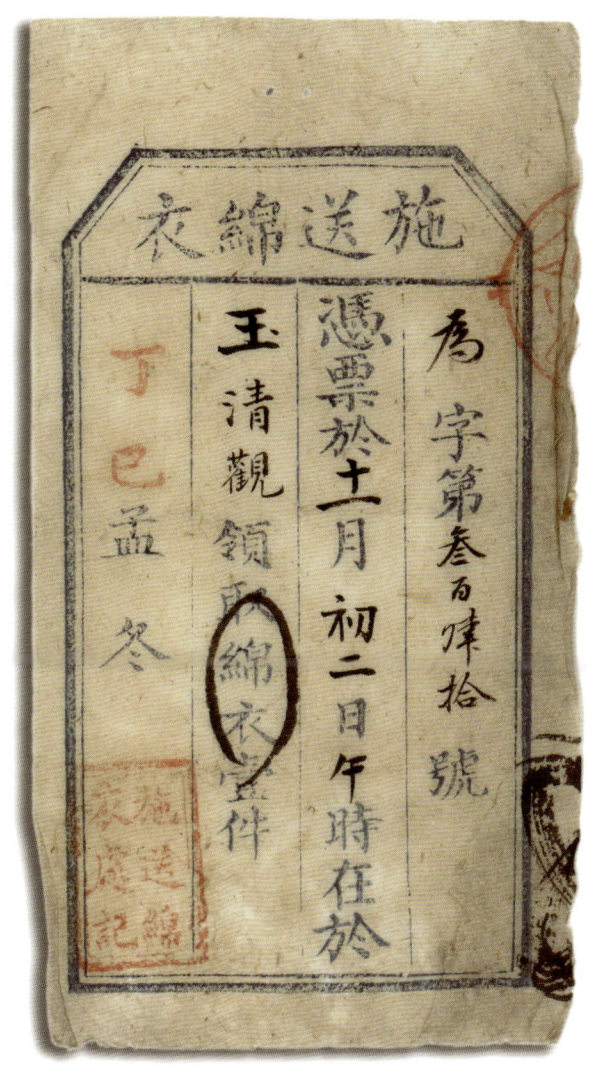

玉清观施送棉衣票

Voucher of Yuqing Taoist Temple Giving Cotton Clothes in Charity

丁巳年（公元 1917 年）
长 18 厘米 宽 10 厘米

　　旧时中国寺院道观作为宗教场所，通常还肩负着扶危济困的社会责任。此施送棉衣票，是玉清观于丁巳（1917年）孟冬施送棉衣的凭据，编号第三百四十号。持票人凭票可于十一月初二日午时在玉清观领取棉衣一件。上有"施送棉衣处戳记"。

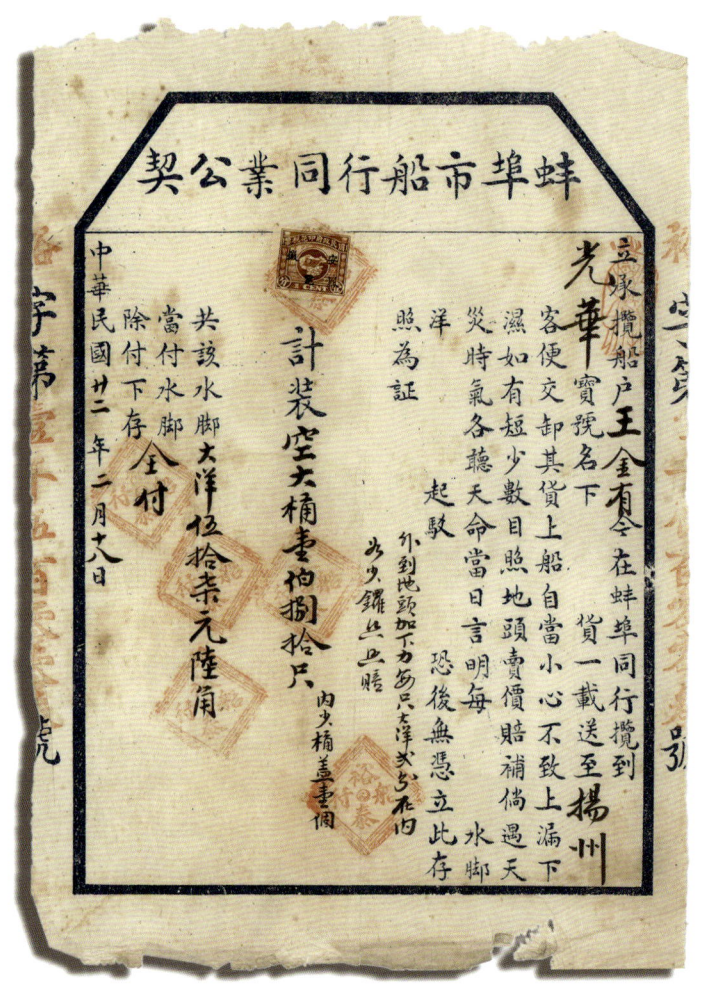

民国二十二年蚌埠市船行同业公契
Deed of Mutual Covenant of Bengbu Ship Guild

民国二十二年（公元 1933 年）
长 28 厘米 宽 18 厘米

　　同业公会也称行会，是同一行业的企业（商户）联合组成的行业性组织。同业公会会监察会员的商业运作，并发出指引（规例）。此为蚌埠市船行同业公会统一印制的承揽货运业务契约，用以规范货运行为。其上详细载明承运业务内容、注意事项以及发生短少或遭遇天灾时的处理。

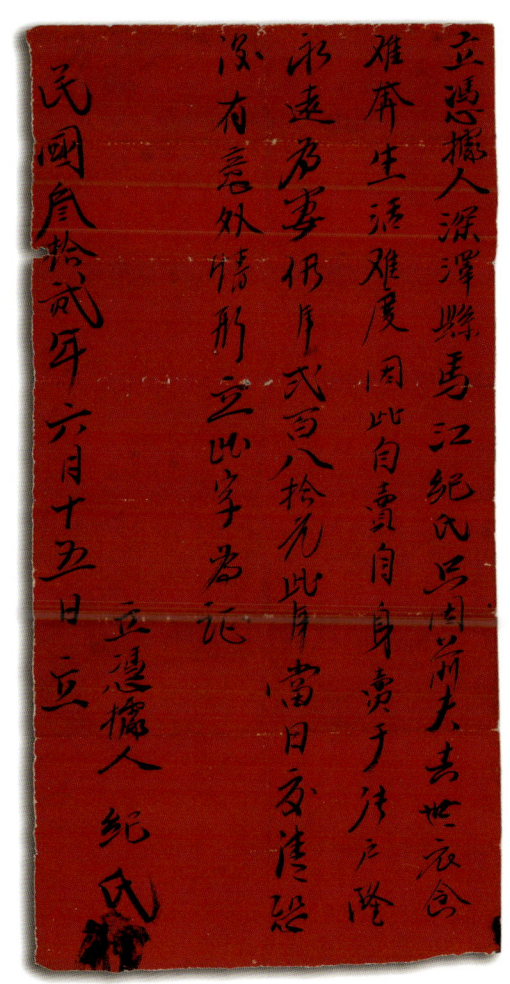

民国三十二年纪氏卖身契

Indenture by Which Ji sells Herself in the 32th Year of the Republic of China

民国十六年（公元 1927 年）
长 57 厘米 宽 38 厘米

卖身契属于旧时买卖契约之一种。此件卖身契，为河北省深泽县马江纪氏将自身卖与张户隆的契约。其上写明："立凭据人深泽县马江纪氏，只因前夫去世，衣食难奔，生活难度，因此自卖自身，卖于张户隆永远为妻，价洋二百八十元。此洋当日交清。恐后有意外情形，立此字为证。"其后为立凭据人纪氏指印。

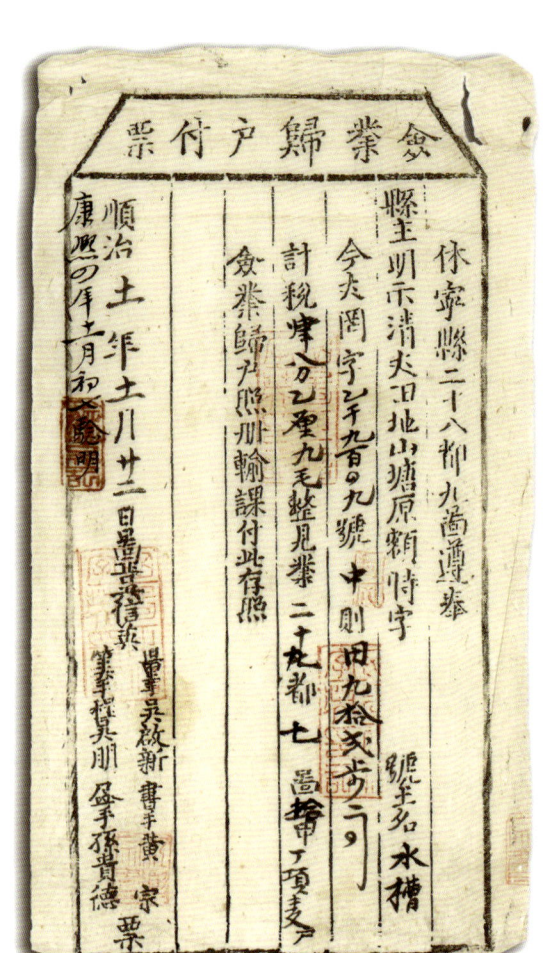

顺治十一年休宁县佥业归户付票

Land Measurement Voucher of Xiuning County in the 11th year of the reign of Emperor Shunzhi, Qing Dynasty

清 顺治十一年（公元 1654 年）
长 20.5 厘米　宽 11 厘米

"签业归户票"又称"分亩归户票""分税归户票""佥业票""业户执票"等，是在土地清丈佥业之际发给业户的一种凭证。所谓佥业，即通过土地清丈，经官府认定后登录于国家版籍即鱼鳞图册之上。在清代，田土交易亦须经佥业认证。佥业实质上具有土地产权认证的性质。此佥业归户付票，为休宁县二十八都九图遵奉县主明示清丈田地山塘后发给业户丁项麦户的产权及纳税凭据。其上列明田土名称、编号、亩数、应纳税银、业户姓名、清丈时间，以及图正、量手、算手、书手、弓手姓名等。

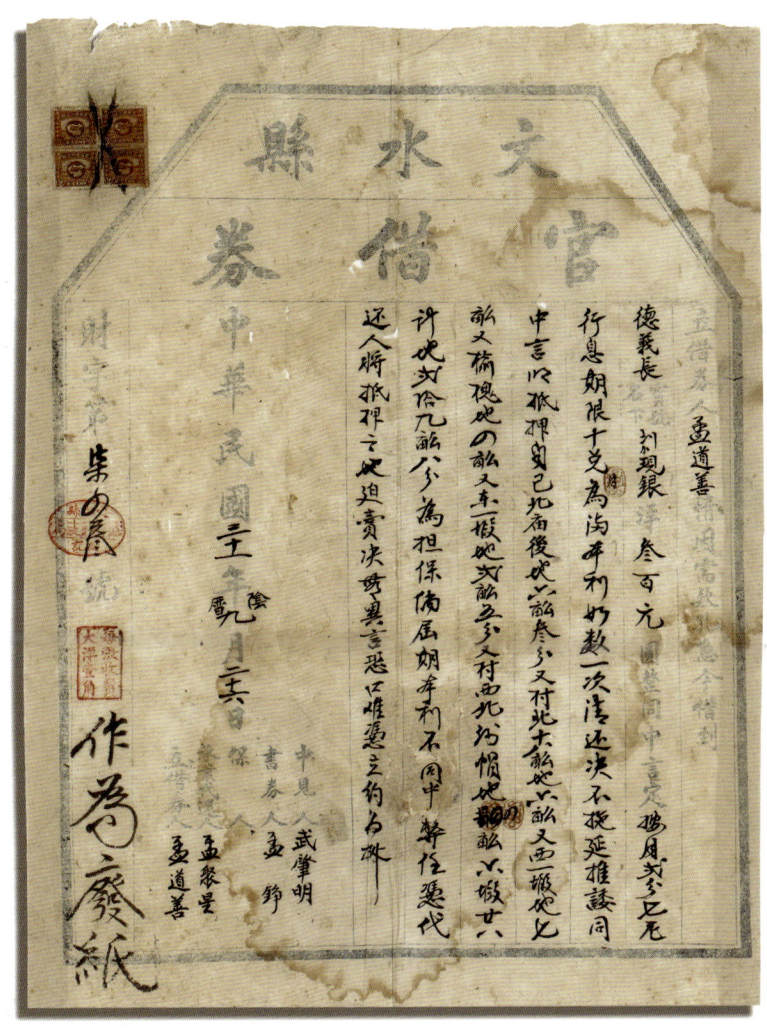

民国二十一年文水县官借券

Wenshui County Official Lending Deed in the 21th Year of the Republic of China

民国二十一年（公元 1932 年）
长 50 厘米 宽 37.5 厘米

孟道善因急需用钱，以自己名下二十九亩八分地作为担保抵押，向德义长号借现银三百元，按月二分七厘行息，借期十个月。本借约使用文水县印制的官借券，编号为财字第七十三号。编号上盖有"文水县临时财政局图记"，并注明"每张收费大洋壹角"。

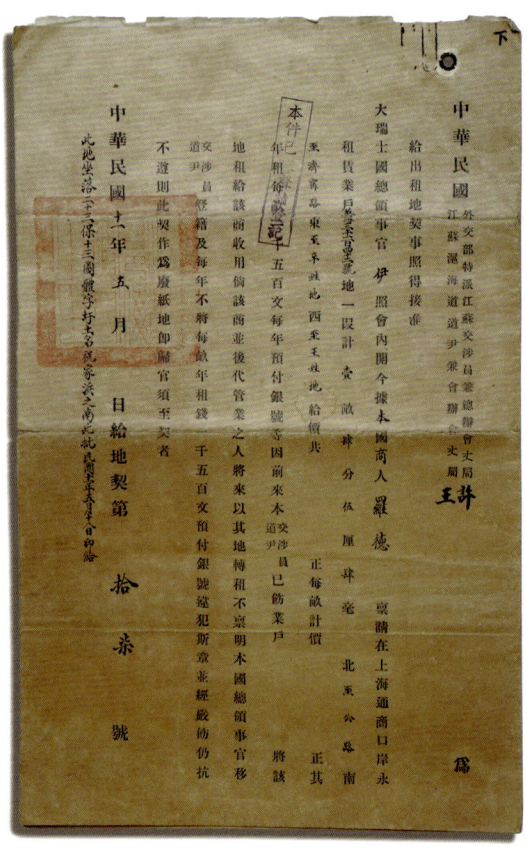
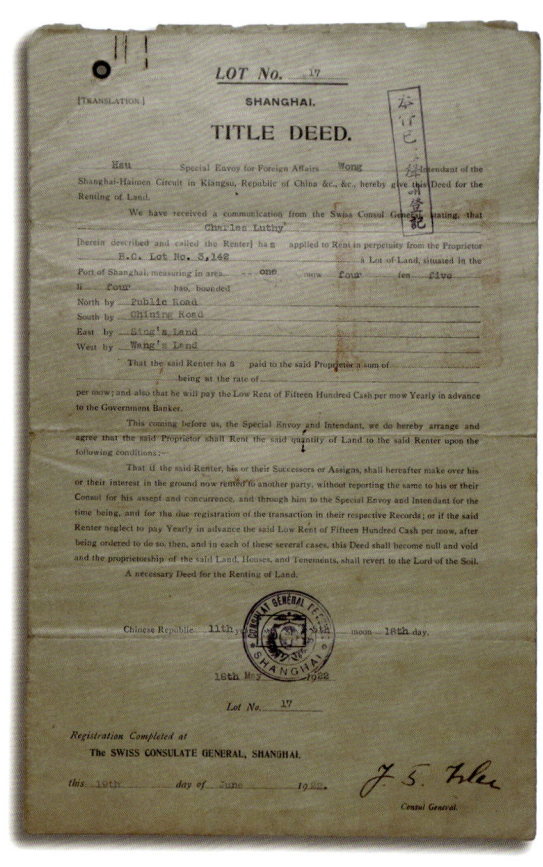

民国十一年上海道契

Shanghai Title Deed in the 11th Year of the Republic of China

民国十一年（公元 1922 年）
长 34 厘米 宽 21.3 厘米

外国人在中国境内以永久租用的名义租赁土地，议妥后由当地道署发给地契，称为"道契"。此件中华民国外交部特派江苏交涉员兼总办会丈局许、江苏沪海道道尹兼会办会丈局王于民国十一年五月十八日发给瑞士商人罗德的永租地契，中英两种文字对照书写，格式规整，要件齐全。契约中并有土地位置图。

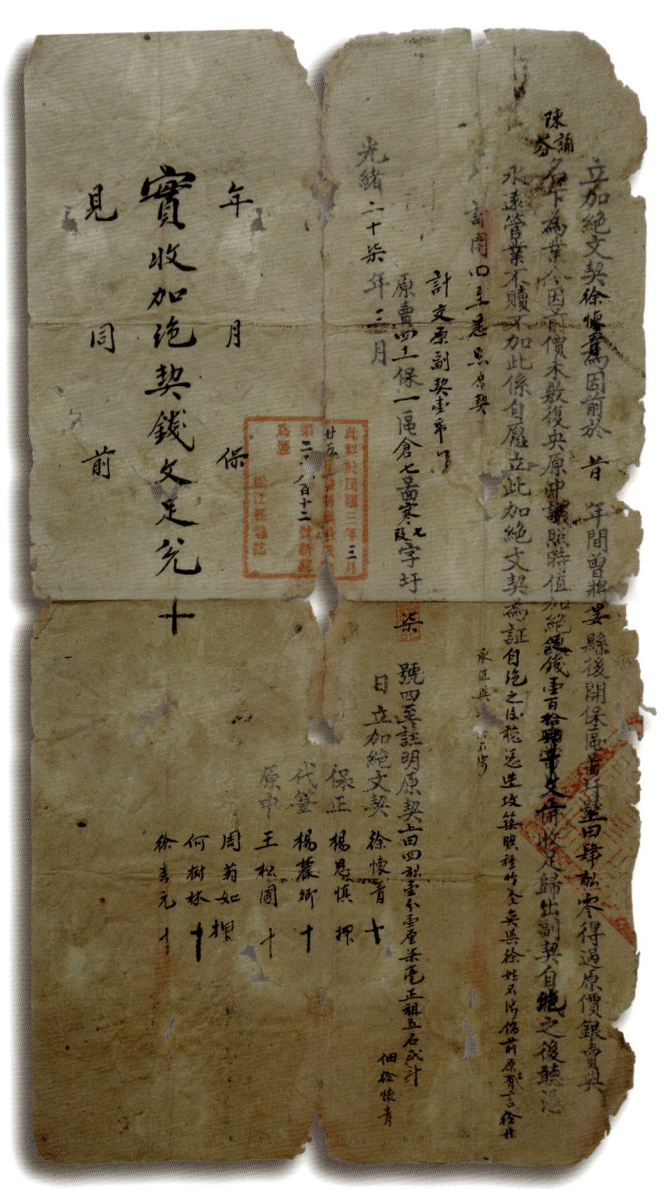

光绪二十七年徐怀青加绝文契

Xu Huaiqing Foreclosure Deed in the 27th year of the reign of Emperor Guangxu, Qing Dynasty

清 光绪二十七年（公元 1901 年）
长 48 厘米 宽 26 厘米

　　旧时典卖土地，双方须签订条件各不相同的契约，明确买卖双方权利义务。因此就有了"过投文契""过卖文契""绝卖文契""加绝文契""叹契""撮票""揽票"等各种不同性质的契约。"过投文契"属于抵押、典当性质，原主可主动赎回。但若原主囊中羞涩，无力赎回，而承业方又想转卖于第三方，则需另立"加绝文契"。此件由松江府核验的加绝文契，即是这样一种契约。立契人徐怀青在原过卖的基础上，通过收取加绝钱及呈交副契，将土地绝卖于陈诵芬名下永远管业。并注明："自绝之后，听凭造坟筑矿种竹养鱼，与徐姓不涉。倘原主有言，徐姓承值，与 □□ 不涉。"

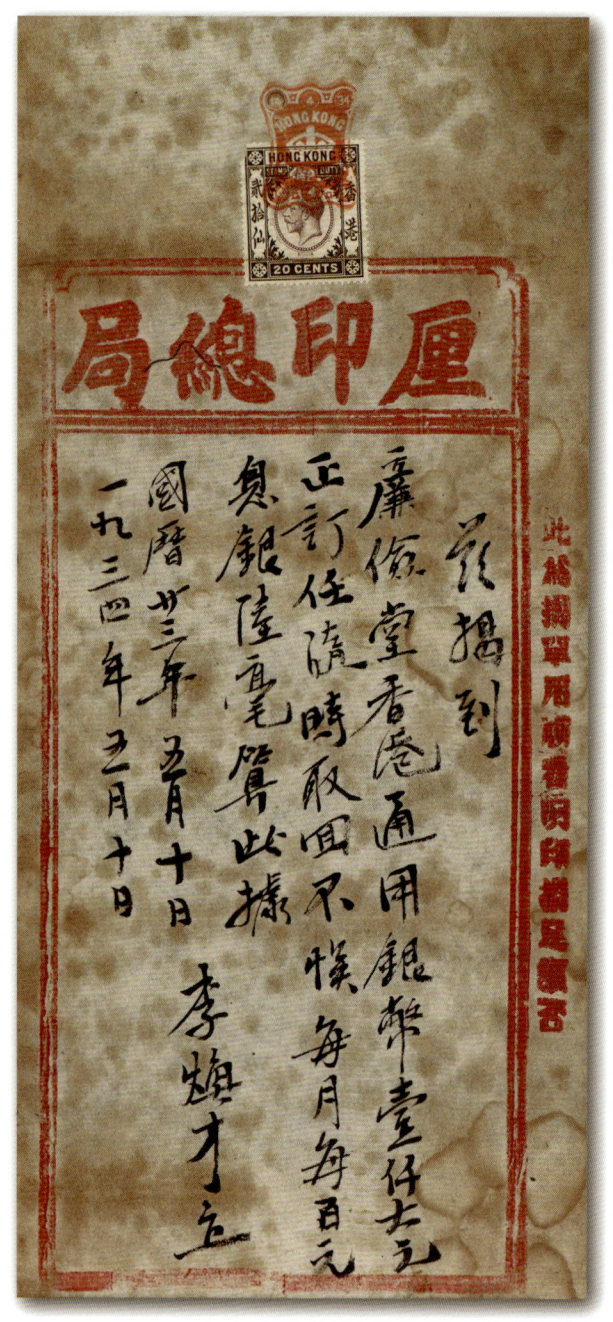

香港厘印总局揭单
Hongkong General Administration of Stamp Tax Loaning Bill

1934 年
长 33.5 厘米 宽 13.3 厘米

　　印花税在香港称为厘印税。民国时期的香港，有关印花税征收管理事务统归厘印总局管理，该局亦负管理契据之责。此件李焕才于 1934 年 5 月 10 日向廉俭堂借款的揭单，使用厘印总局印制的格式化票据。内中反映：立揭单人李焕才从廉俭堂揭到香港通用银币一千大元整，订任随时取回不误。每月每百元息银六毫算。

英文手写契约

Handwritten English Indenture

英国 1697 年
长 70 厘米 宽 62 厘米

　　这是一份订立于 1697 年的英文手写契约（Indenture）。在英国文化中，契约是指用于确定债务或购买义务的法律文书，主要涉及两种情况：在古代，契约主要涉及主仆关系的确定，在近现代社会中，契约作为一种工具，主要用于表明商业债务或不动产交易。

英文印刷版契约
Printed English Indenture

英国 1700 年
长 58 厘米 宽 56 厘米

此件契约属于印制的格式化契约。其大部分文字属印制而成，只有涉及少部分要件内容为手写填入。契约订立于1700年10月。其一方为西米斯郡（属于爱尔兰东部伦斯特省）的狄龙·波拉德（Dillon Pollard）先生。契约以很大篇幅详细列明了有关土地租赁、管理，以及各种物产权益处理的细节性内容。

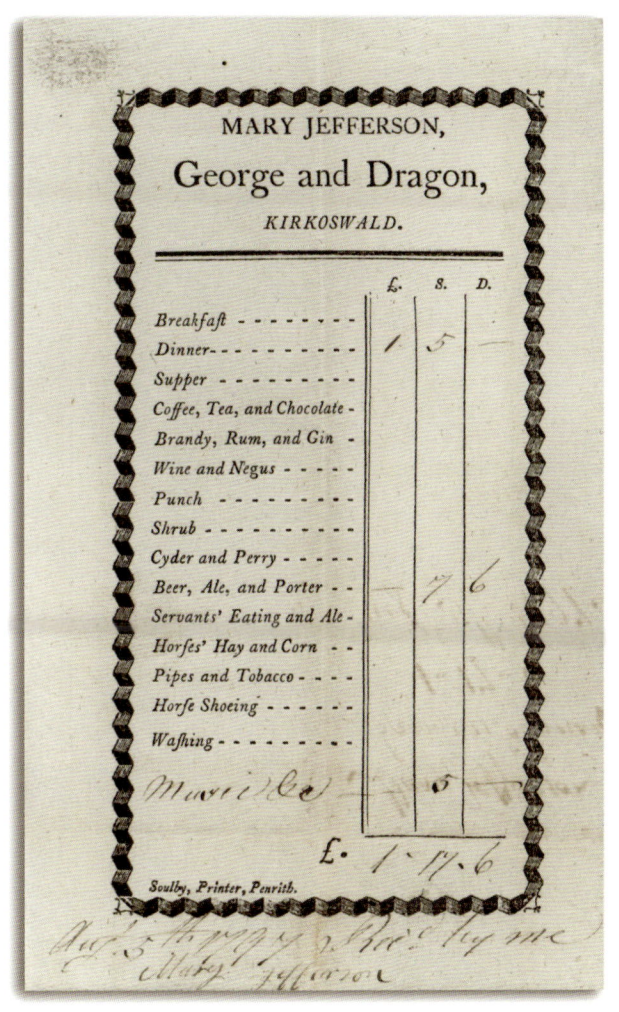

玛丽·杰佛逊家用开支单
Mary Jefferson
Household Expenditure

英国 1797 年
长 16 厘米 宽 9 厘米

位于柯科斯沃尔德（Kirkoswald）的玛丽·杰佛逊家族的开支账单。柯科斯沃尔德是英格兰西北部坎布里亚郡一个美丽的小村庄。这张填写于1797年8月5日的开支单，采用印制的票据格式，记录当日开支情况。开支单上的常规项目包括早、中、晚餐，各种酒水饮料，仆从饮食支出，马匹草料，烟草，马掌，盥洗等。本日支出午餐、啤酒等三项，计1英镑17先令6便士。

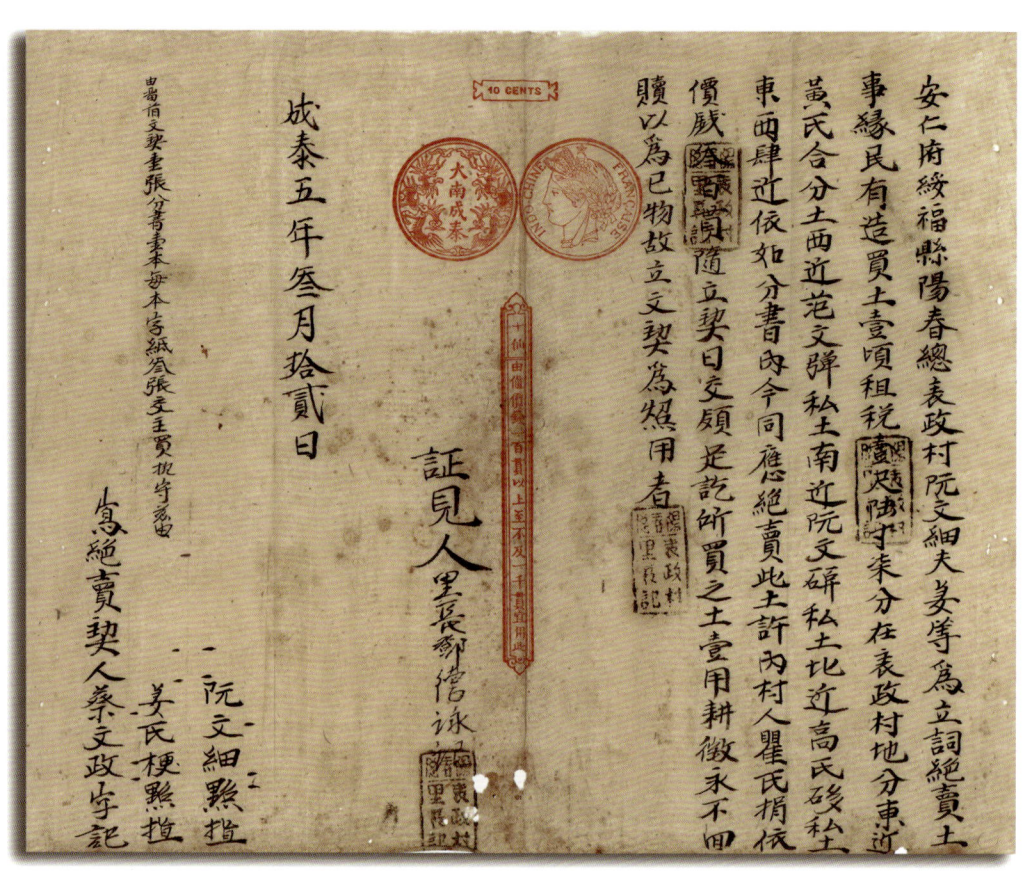

成泰五年安仁府阮文细等绝卖地契

Deed for Selling Land of Ruan Wenxi of Anren County in the 5th Year of Chengtai

越南 成泰五年（公元1893年）
长33厘米 宽28.5厘米

该契为越南成泰五年（1893年）安仁府阮文细与妻姜氏共同写立的绝卖地契。契约属于官契纸。值得注意的是，该契约中加盖的"Francaise"印章，证明该契约签订时期越南的法属殖民地地位。该契约的买卖类型为绝卖，与土地的活卖相对，符合交易当时越南地区采用与中原地区相类似的交易规则，因此契约中有"永不回赎"字样。该契纸的形式特征完全符合中国传统契约的行文格式，并使用了中国传统契约的"关门押"以及"画指"的立契习惯。

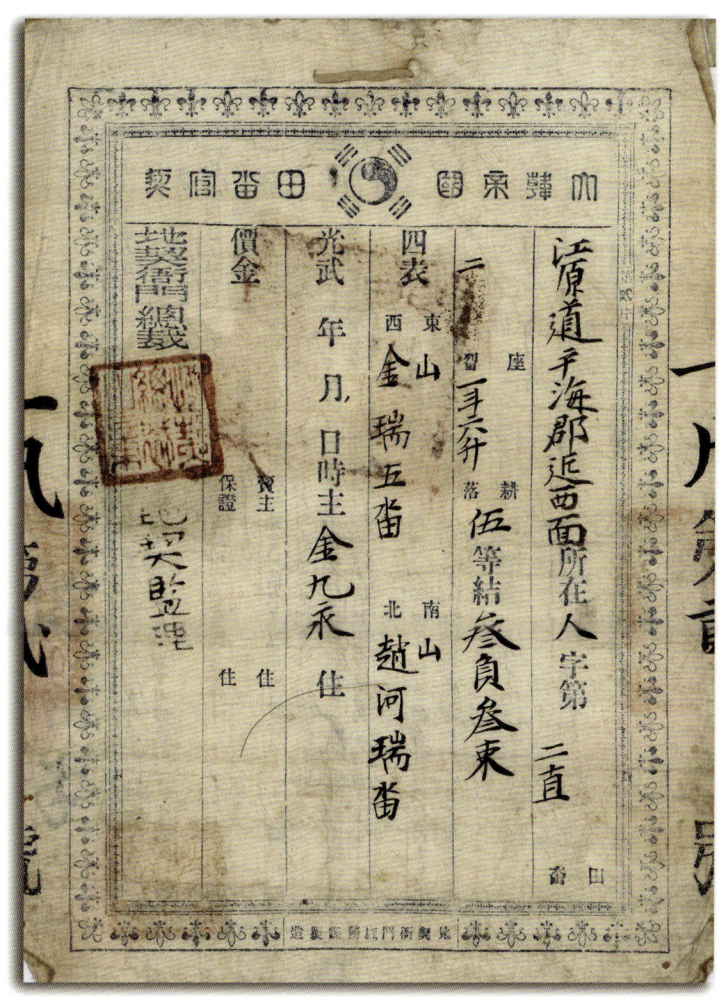

江原道金九永卖地契
Gangwon Jin Jiuyong Deed for Selling Land

韩国 光武时期
（公元 1897—1907 年）
长 28 厘米 宽 22 厘米

此件大韩帝国官契，后附各种官私文书 6 件，包括昭和 4 年金光洙卖渡证书、大正十四年金正焕领取证、昭和二年韩应洙卖渡证书、大正十二年金甲焕土地卖渡证书、昭和二年韩应洙保证书等。该地块在短短几年内，数易其主，反映了社会动荡期间产权的易变。大韩帝国是存在于公元 1897 年至 1910 年的一个位于亚洲东部朝鲜半岛上的君主制国家。1897 年 10 月 12 日，朝鲜王朝第 26 代国王李熙自称皇帝，改国号为"大韩帝国"。大韩帝国只延续了 13 年。

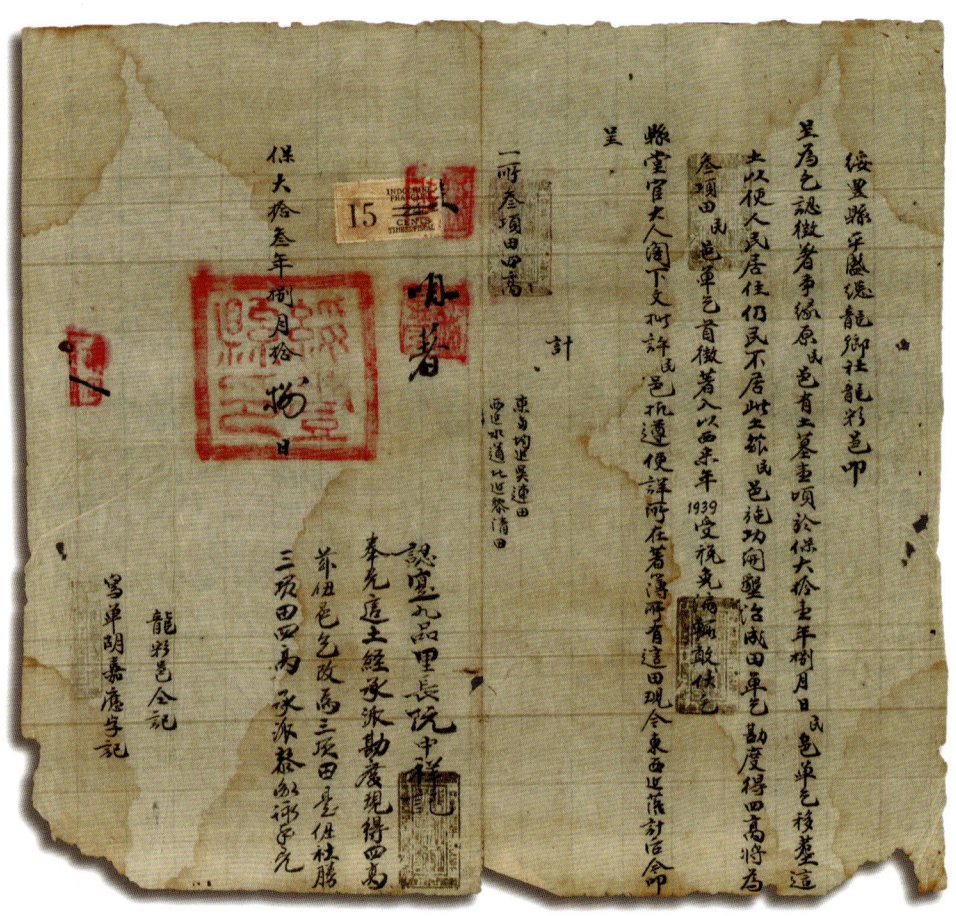

保大十三年绥丰县
龙彩邑乞请认证地亩书

A Requestion of Long Caiyi for Certificating Land in the 13th Year of Baoda

越南 保大十三年（公元 1939 年）
长 32 厘米 宽 29 厘米

绥丰县平盛德龙乡社龙彩邑乞请认证著录所垦三顷田地的确权文书。按文书所载，龙彩邑原有土墓一顷，于保大十一年八月申请迁墓适土，以便人民居住。后因不居，施工开垦治成田，特此上呈，要求官府认证著入，从西元 1939 年开始纳税。文书上有绥丰县及里长阮中祥印，表明龙彩邑的申请得到了官府认可。

第四篇 报告

会计报告是近现代会计最重要的信息公告形式，以表式文件或报表加文字的形式将经济组织或机构的财务及相关情况汇总报告给有关方面。传统中式报告采用四柱方式，详列『旧管』『新收』『开除』『实在』的具体项目，报告资产、盈余，以及盈余分配情况。西式会计则需经过注册会计师的专业审查，以综合财务报告的形式，将公司或组织的财务情况公告相关方面及社会公众。本篇含各类报告（表）三十二件。

FINANCIAL REPORTS

Accounting report is the basic form for publishing accounting information. It takes the format of table type files, reports an economic organization or institution's financial situation to the aspects concerned. In traditional Chinese accounting report, a four pillars reporting format was applied, which using "Jiuguan"(balance at the beginning), "Xinshou"(newly received), "Kaichu",(outlay) "Shizai"(remainds, balance at the end) to list the specific projects, report the assets, surplus and the distribution of it. Modern western accounting takes the form of comprehensive financial report (statements) to disclosure a company or ganization's financial situation, financial results, cash flows and some other information to public and stakeholders, which the auditing of CPA is necessitated. This part consists of 32 pieces of reports and statements.

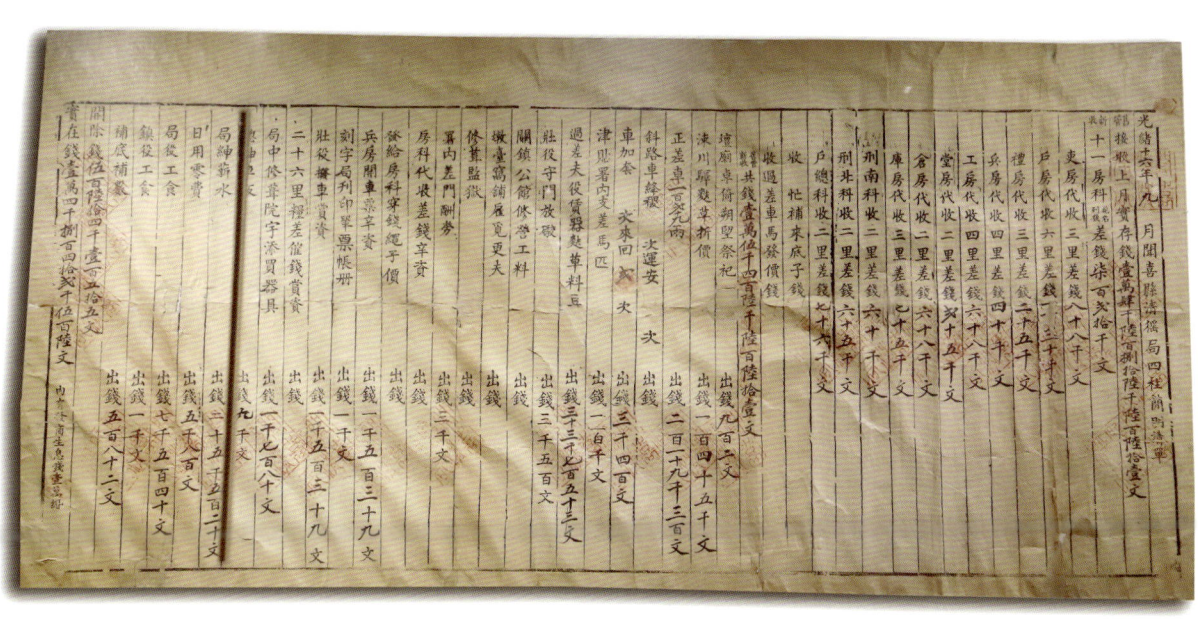

闻喜县清徭局四柱简明清单

Four Pillars Inventory of Qing Yao Bureau of Wenxi County

清 光绪十六年（公元 1890 年）
长 113.5 厘米 宽 56 厘米

四柱结算法是中式会计结算及报告之核心。目前史料所见，该方法在唐代中期即已出现，至宋代已趋成熟。四柱结算法利用旧管、新收、开除、实在四要素及其相互关系反映一定时期的财产增减变化并结算账目。本件闻喜县清徭局四柱简明清单，是一份典型的四柱式官厅会计报告，详细列明山西省闻喜县清徭局光绪十六年九月份的各项收支。清单采用印制的标准化格式，标题、项目等皆为印制文字，日期、金额等则是手写填入。凡金额等紧要处皆加盖"闻喜县清徭"印信。最后一列实在数字后小字标注"内有发商生息钱一万缗"。"缗"是旧时铜钱的计量单位，一缗即一串（也称"一贯"），通常为一千文。

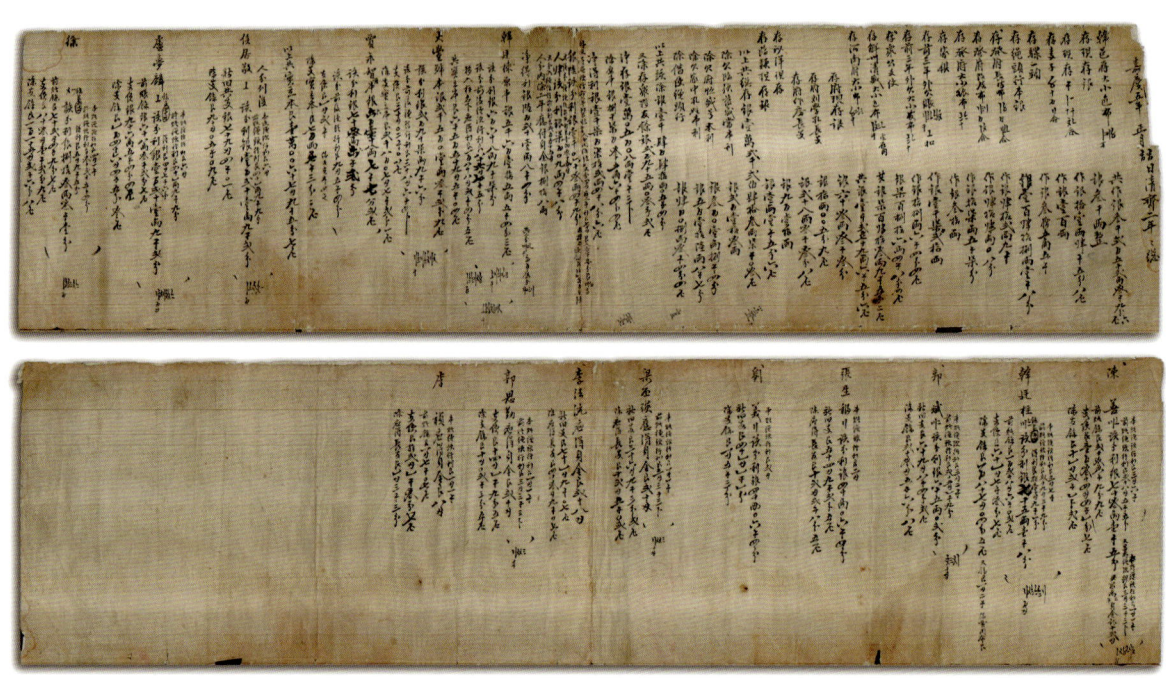

嘉庆五年正月吉日清斋二年年总

An Annual Report prepared in the 5th year of the reign of Emperor Jiaqing, Qing Dynasty

清 嘉庆五年（公元 1800 年）
长 92 厘米 宽 22.3 厘米

这是一份典型的晋商中式结算报告草本。前半部用逐项列示存该（欠）项的方式，结出当年度净得利银一千七百七十二两四钱八分六厘；后半部反映利润分配情况，先对韩廷栋、大丰号、贾永智按本分利，然后是人分（按身股）分配，分别向侯居敬等十二人分配银一百二十一两九钱二分至八两不等。

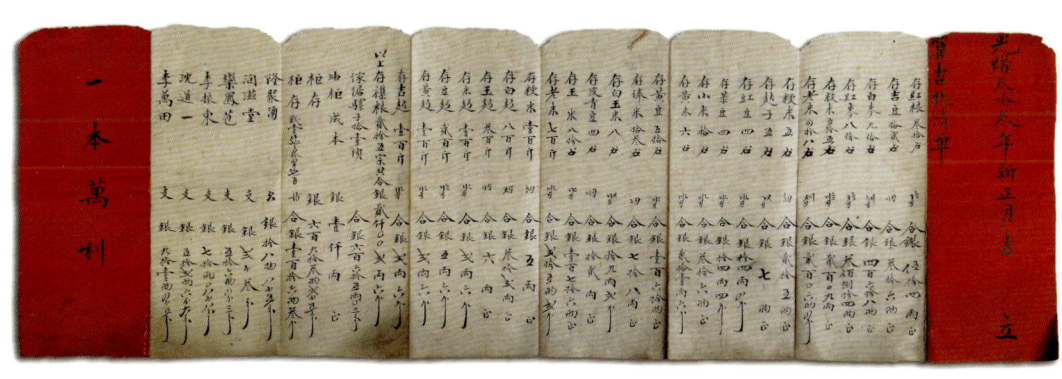

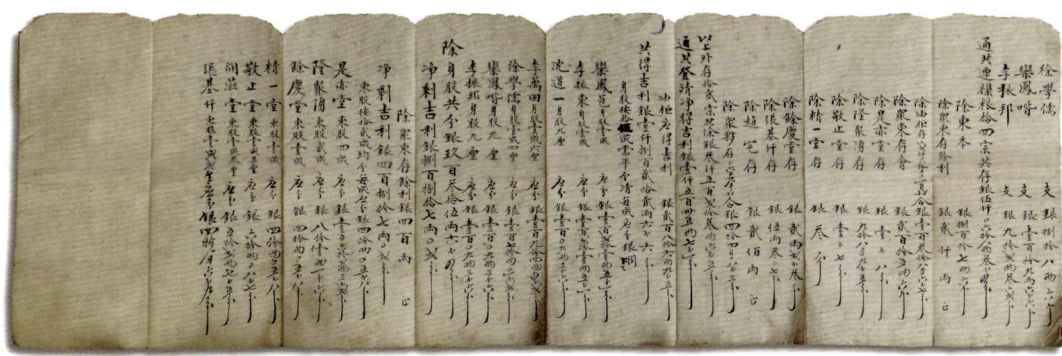

光绪三十三年算吉账清单

Settlement Accounts in the 33th year of the reign of Emperor Guangxu, Qing Dynasty

清 光绪三十三年（公元 1907 年）
长 84 厘米 宽 27 厘米

晋商某粮店光绪三十三年结算报告，典型的中式结算报告格式，首尾贴红纸，八折结构以便携带。结账报告以银两为标准记账单位，存粮在实物盘存的基础上折算为银两，其他资产以本折银，除支、除东本及其他外存，确定净得吉利，向身股和东股分配。其中身股按十五成当年分清，每成应分银一百二十一两五钱一分，共分银九百三十五两六钱四分。东股按十二成均分，每成应分银四十两五钱八分，共分银四百八十七两零二分。

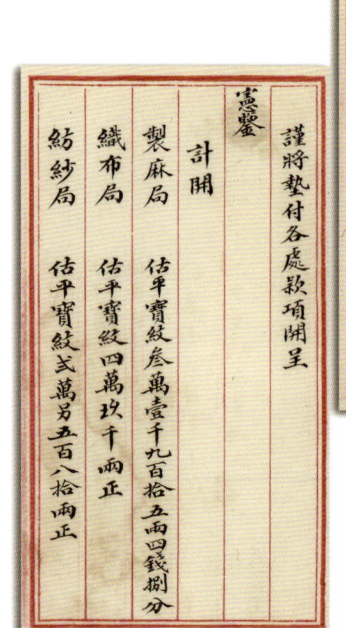
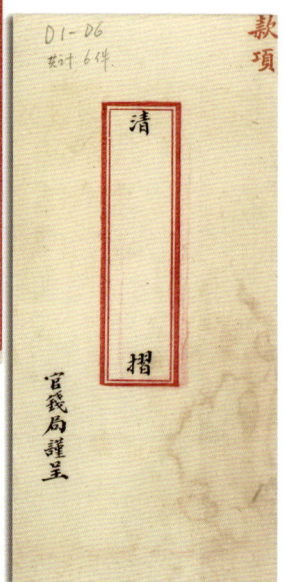

湖北官钱局清折
Hubei Official Money Bureau Report

清末
长20厘米 宽9.5厘米 厚0.1厘米

　　湖北省官钱局上呈反映垫付各处款项的清折。共垫付制麻局、织布局、纺纱局、黄鹤楼工程、两湖书院工程、自强学堂等处银二十一万六千九百八十三两三钱五分，钱四万八千六百二十串零四百零六文。清朝末期，各地仿西方之制设立官钱局，负责制造及发行货币。湖北官钱局为其中规模较大者，由鄂省总督张之洞建于1896年。其存在三十多年，对湖北地方经济发展产生了重要作用。

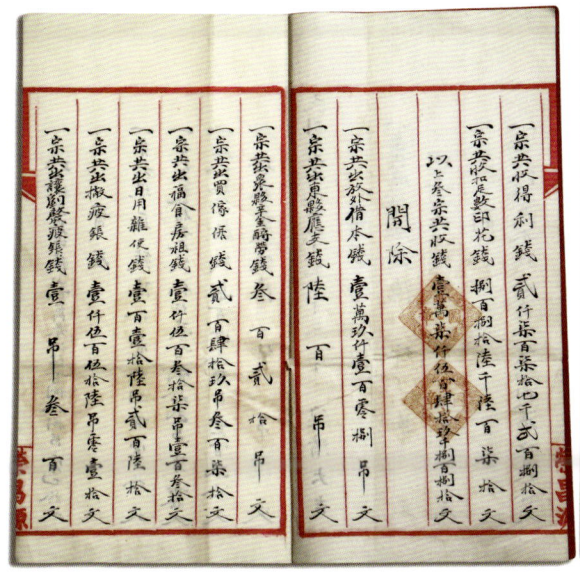
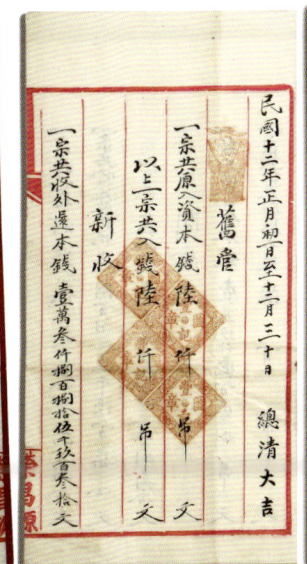

丰记账庄癸亥年总清册

General Settlement Report of Feng's Credit Office in the Year of Guihai

癸亥年（公元 1923 年）
长 24.7 厘米 宽 13.5 厘米 厚 0.1 厘米

账庄亦名账局，是为工商铺户服务，兼向官吏放账的金融组织。此为一家名为丰记的账庄民国十二年（癸亥年）的年度结算清册。本清册采用四柱方式列报该年度业务情况。其原入资本额为钱六千吊，新收三宗共收钱一万七千五百四十九千八百八十文，开除项八宗，共出钱二万三千四百八十八吊零七十文，其中包括众伙薪金酬劳、买家具钱、出撤疲账钱等。当年共亏钱七百一十六吊一百二十文。

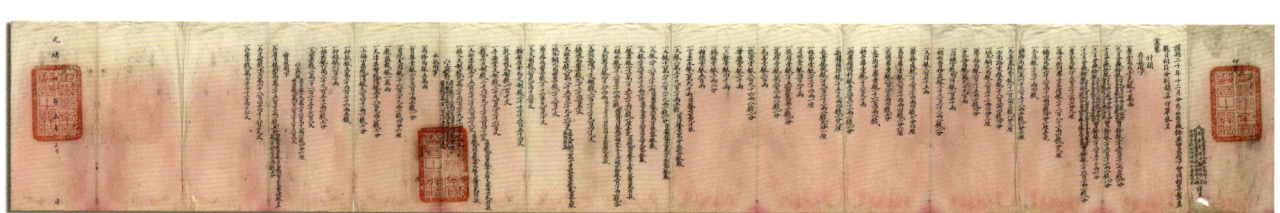

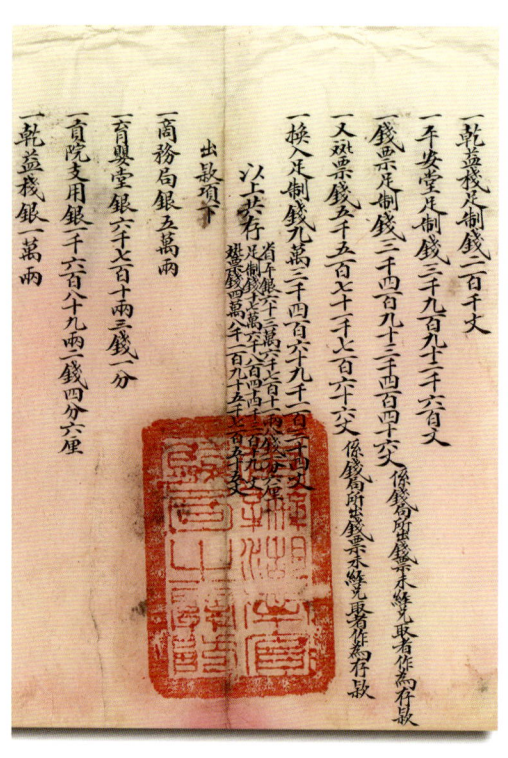

光绪三十一年湖南官钱局印单

Hunan Official Money Bureau Report in the 31th year of the reign of Emperor Guangxu, Qing Dynasty

清 光绪三十一年（公元 1905 年）
总长 142.5 厘米 宽 20 厘米

光绪二十七年（公元 1901 年）八月，湖南巡抚俞廉三等筹设湖南官钱局，次年元月开业。至民国元年，湖南官钱局更名为湖南银行，为湖南有银行之始。此件光绪三十一年湖南官钱局印单，是总办官钱局务署善化县知县胡日升等上呈，报告三十年十二月份存出暨盈余并实在项下会同核算盘查项目的报告单，详列存款、出款、实在各项目。

总办度支部造币江厂呈铸新钱成本清折

A Report of the Cost for Minting New Coin presented by the Mint Factory of the Treasury Department

清 光绪三十一年（公元1905年）
长 20.5 厘米 宽 9.5 厘米 厚 0.1 厘米

总办度支部造币江厂江苏候补道匡翼之、会办度支部造币江厂度支部主事景凌霄联合上呈，详列遵谕查明该厂本年度六月份铸一文新钱应需铜铅物料等项合计成本各数。依清折所示，铸造一文新钱一千六百枚，铜、铅、煤炭、物料、匠工等成本共库平银一两四钱八分六厘二毫三丝，按新钱一千六百枚兑换一两库平银计算，亏折库平银四钱八分六厘二毫三丝。除此而外，还要负担薪水及厂用。根据计算结果来看，铸造新钱将造成巨额亏损。

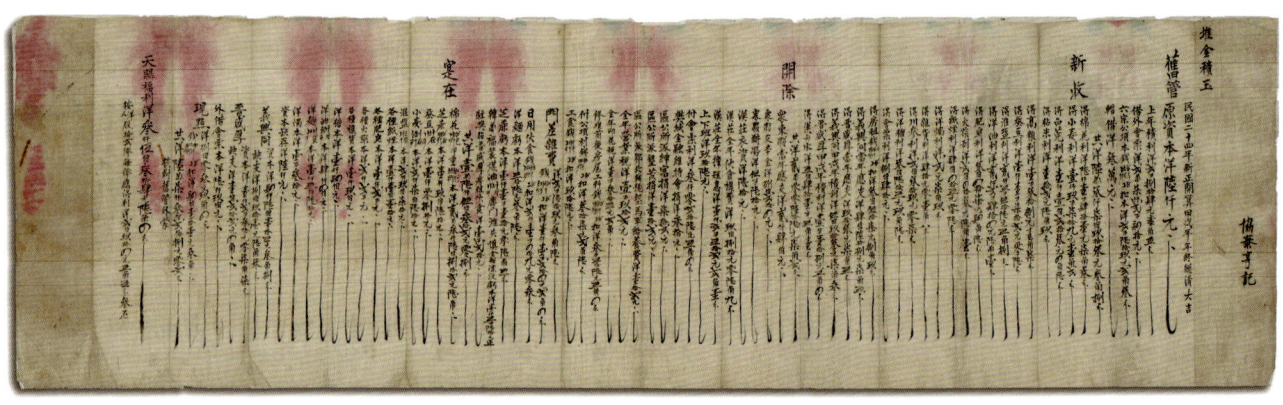

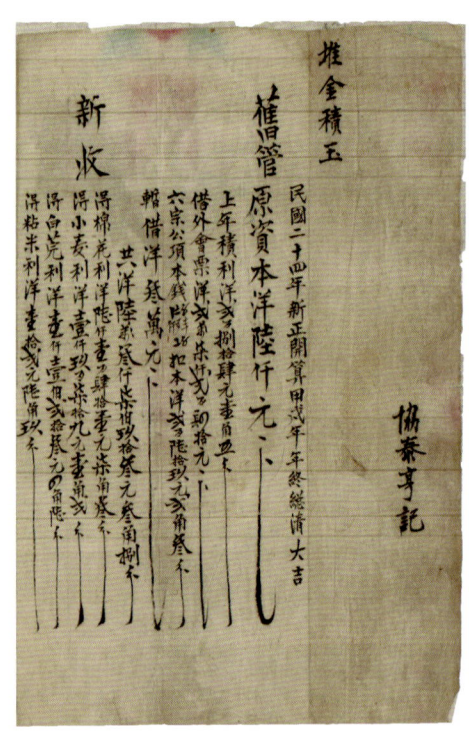

民国二十四年协泰亨记四柱式结算报告

Xietaiheng's Four Pillars Style Settlement Report in the 24th Year of the Republic of China

民国二十四年（公元 1935 年）
长 103 厘米 宽 27 厘米

协泰亨记民国二十四年新正开算甲戌年年终清总。详列旧管、新收、开除、实在各宗细目。该商行主营粮、棉、油及日用百货，兼营汇（会）票业务。新收项下有"得会票利洋八百四十元"。从内容分析，该商行应是一家晋商商号的汉口分号，与晋盛厚号多有往来，并有多项业务涉及樊城。

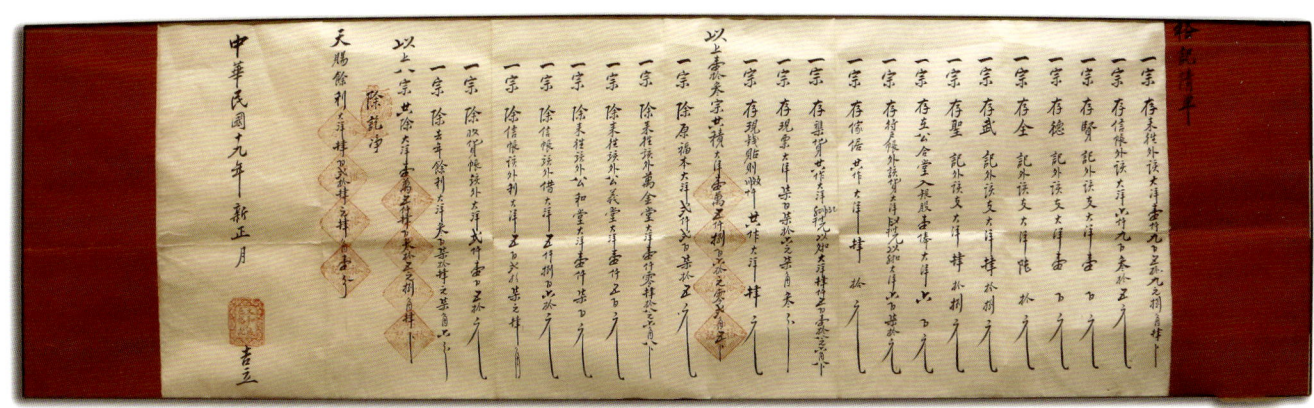

裕记清单
Yu Firm's List

民国十九年（公元 1930 年）
长 78.5 厘米 宽 23 厘米

山东文邑和盛楼裕记民国十九年正月结算报告单。采用存除相抵的方式计算利润，计存项一十三宗，积大洋一万五千八百六十元零二角五分；除项八宗，除大洋一万五千四百三十五元八角四分。除存相抵，余利大洋四百二十四元四角一分。

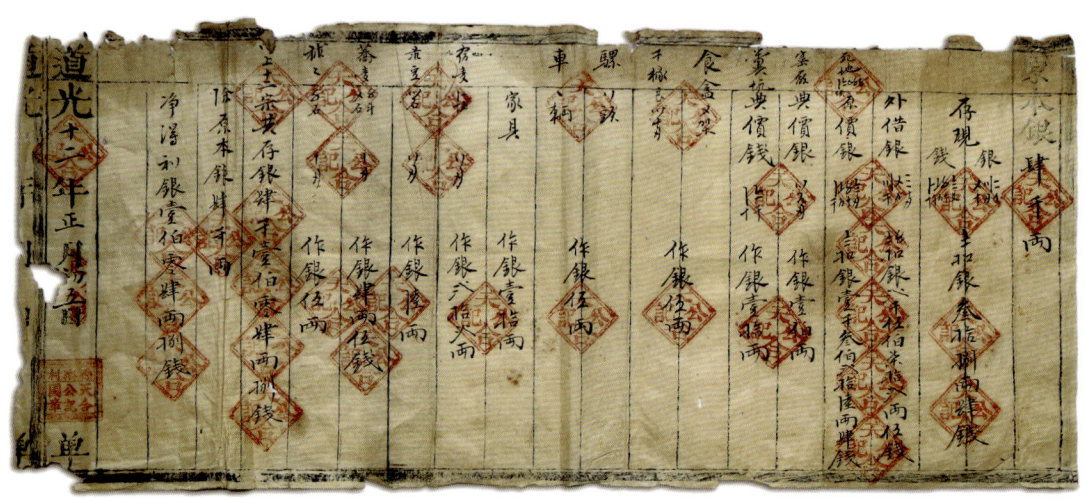

道光十二年天合公记结算报告单
Tianhegong Firm's Settlement Report

清 道光十二年（公元 1832 年）
长 49 厘米 宽 21.5 厘米

香乐村天合公记道光十二年正月初五编造的结算报告单。以现存银钱及各类实物盘存扣除原本银的方式结算利润。所有项目皆折合银两计算。各项资产十二宗折合后共计存银四千一百零四两八钱，扣除原本银四千两，净得利银一百零四两八钱。

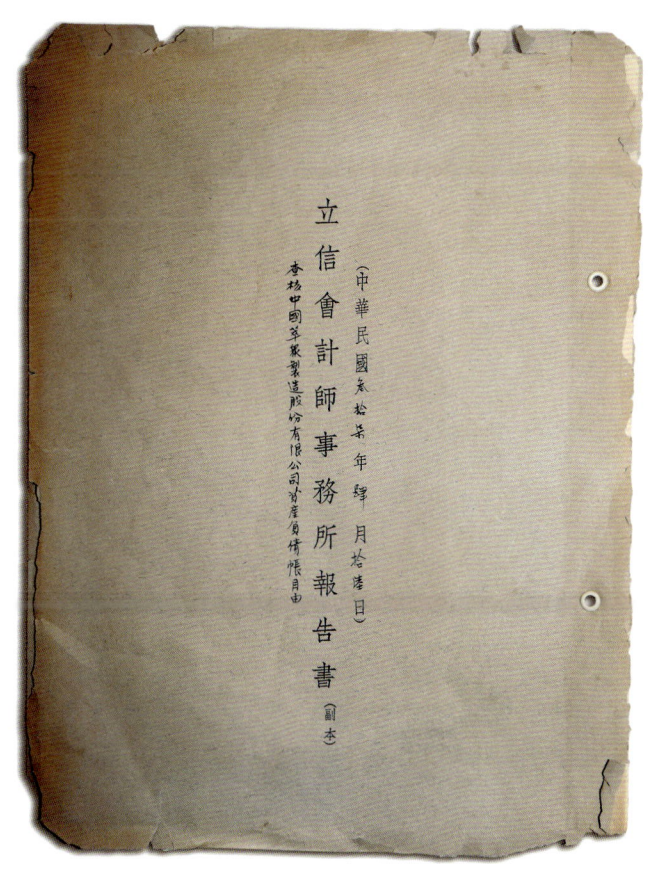

民国三十七年立信会计师事务所查账报告书
Shu-lun Pan & Co. Chartered Accountants Auditing Report in the 37th Year of the Republic of China

民国三十七年（公元 1948 年）
长 30 厘米 宽 22 厘米 厚 0.2 厘米

　　立信会计师事务所由中国会计泰斗潘序伦博士于 1927 年在上海创建，是民国四大会计师事务所之一。该事务所以诚信为立业之本，业务遍及大江南北，并在多地设有分所。本件为立信会计师事务所审查中国萃众股份有限公司账目的查账报告书。

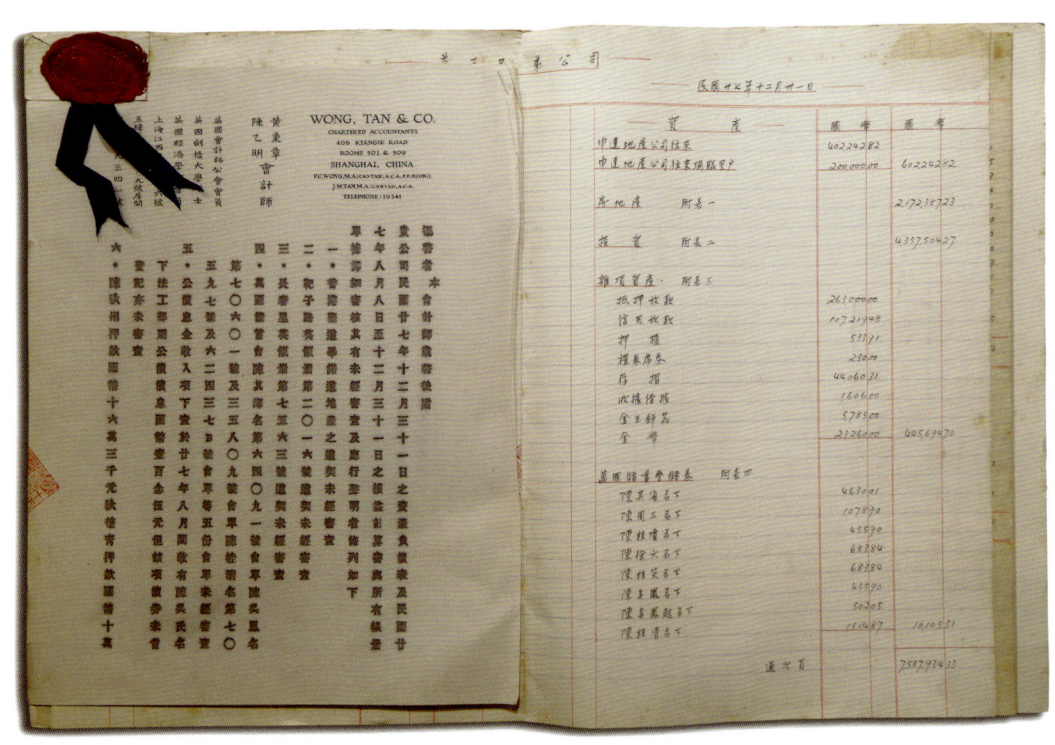

黄秉章、陈乙明会计师事务所 审计益三兄弟公司会计报表报告书

Wong, Tan & Co. Chartered Accountants audited Yisan Brother Company Accounting Statements

民国三十七年（公元 1948 年）
长 30.5 厘米 宽 22.5 厘米 厚 0.2 厘米

　　黄秉章、陈乙明是民国时期著名会计师，如本报告纸所列明，其为英国会计师公会会员、英国剑桥大学硕士、英国经济学会会员。史料记载，陈乙明曾于 1949 年 9 月作为自由职业界民主人士正式代表，成为第一届全国政协委员。此为黄、陈事务所审计益三兄弟公司民国二十七年十二月三十一日资产负债表和民国二十七年八月八日至十二月三十一日损益计算书及所有账册单据的审计报告。报告详细列明了审查结果及未经审查的项目。

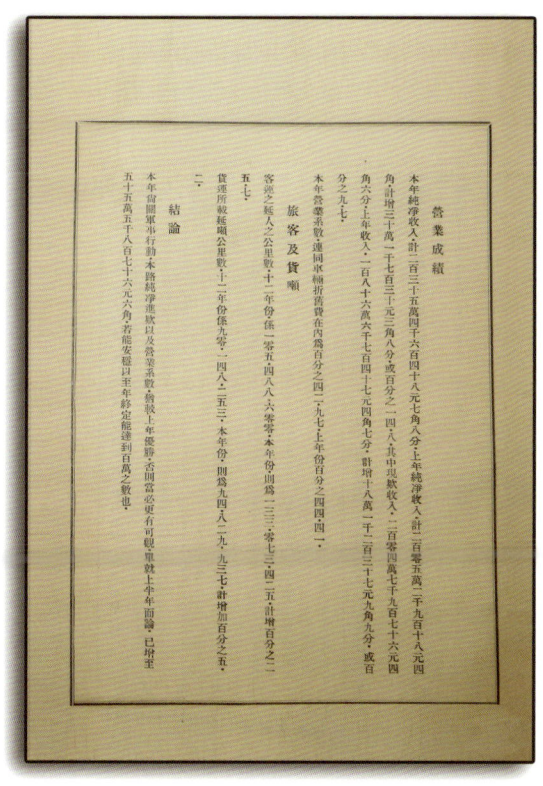
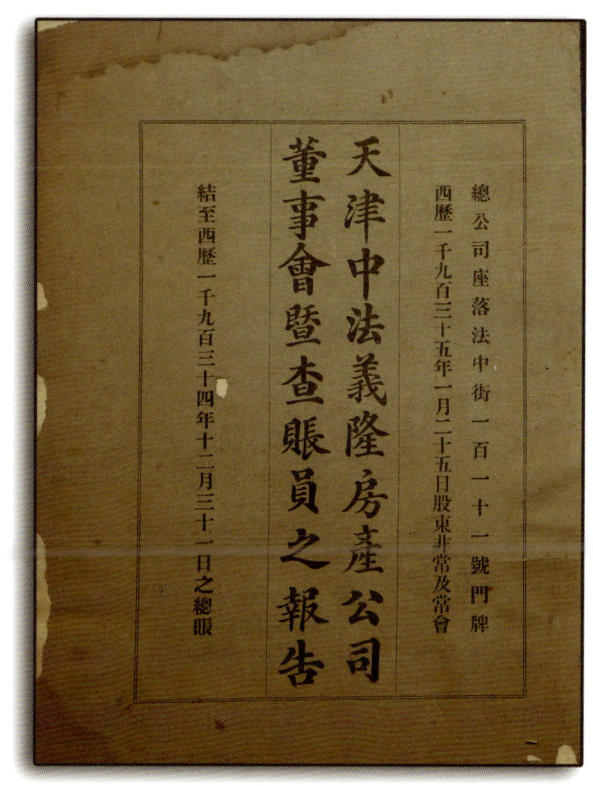

天津中法义隆房产公司董事会暨查账员之报告

Tianjin Sino-French YiLong Property Company Board of Directors and Auditors' Report

民国二十四年（公元 1935 年）
长 29.3 厘米 宽 21.5 厘米 厚 0.2 厘米

　　天津中法义隆房产公司董事会暨查账员报告，中法两种文字对照。该公司董事八人，多数为教会及银行业人士，查账员裴雷。该公司于西历1935年1月25日召开股东非常会，发布此报告，重点说明因为废除银两，变更公司股本的具体事项，包括：将股本银二十万两照官市六七四五二八三折合银洋二十九万六千五百零三元五角；将股本增为洋三十万元；续发三千新股；新旧股合并以便订定股票价位一百五十元等。

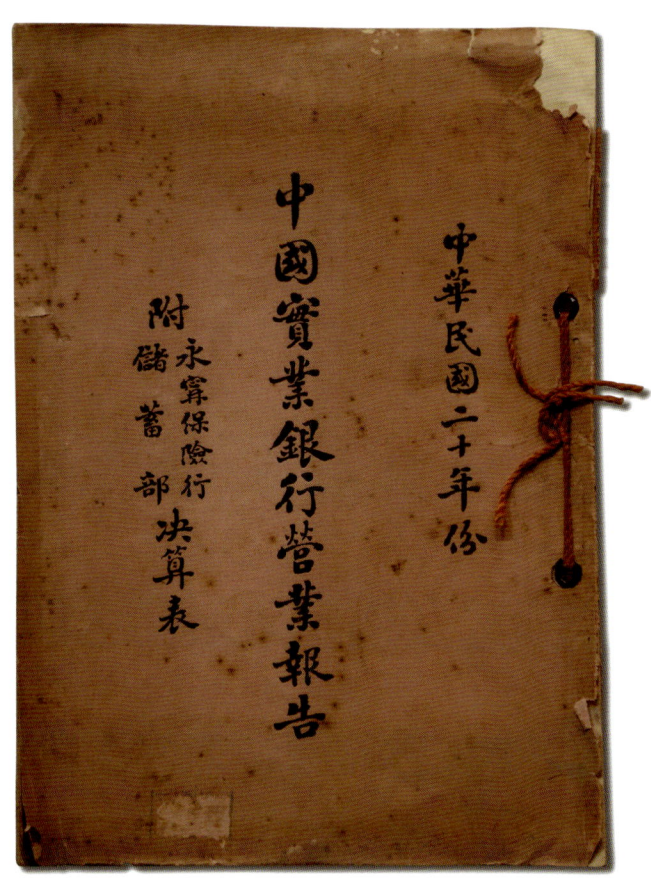

民国二十年中国实业银行营业报告

Annual Report of China Industrial Bank in the 20th Year of the Republic of China

民国二十年（公元1931年）
长 25.5 厘米 宽 18 厘米 厚 0.15 厘米

中国实业银行系民国四年（1915年）由北洋政府财政部筹办，民国八年四月正式成立。额定资本二千万元，商股公股各半，但开业时实收资本仅为二百余万元，主要由中国银行拨付。该行名为"实业银行"，实际仍从事一般商业银行及储蓄、信托、仓库等业务。由于得到北洋政府支持和有钞票发行权，业务较为发达，30年代初期，存款已超过四千万元，在全国重要商业银行中居列第八位。

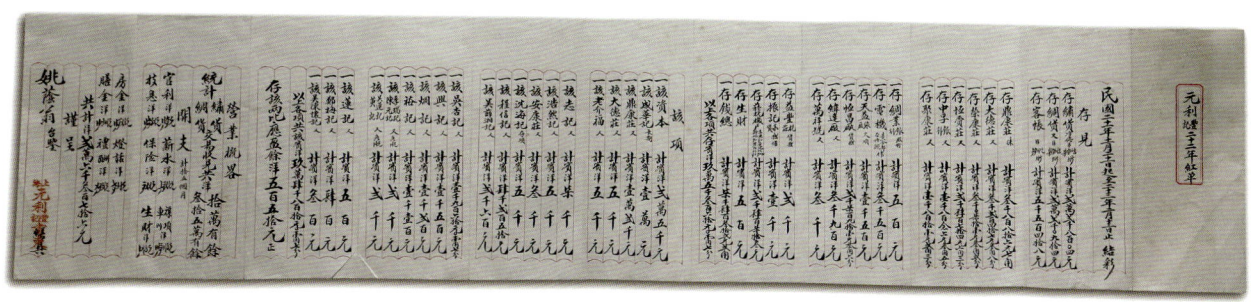

上海元利丰记民国二十二年红单

Red List of Yuanlifengji (Shanghai) of the 22th Year of the Republic of China

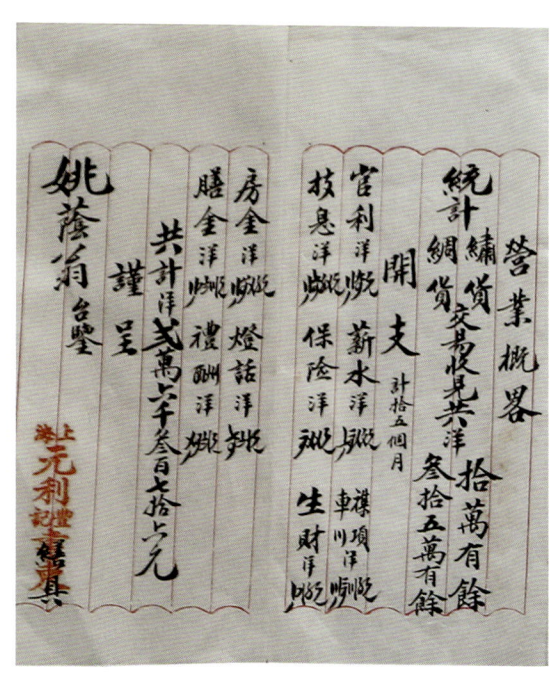

民国二十二年（公元 1933 年）
长 101.8 厘米　宽 22.2 厘米

红单，也称"鸿单"，是旧时中式会计结算报告的常用名称之一，因常用表示喜庆的红色纸张书写而得名。此为上海元利丰记商号民国二十二年红单，起首写"民国二十一年十一月二十一日起至二十三年二月十三日止　结彩"。先以"存""该"对比的方式，计算出盈余"洋五百五十元正"，再综合交易收见和开支，最终算出盈利洋二万六千三百七十六元。此为公司提交给股东姚荫翁的报告。

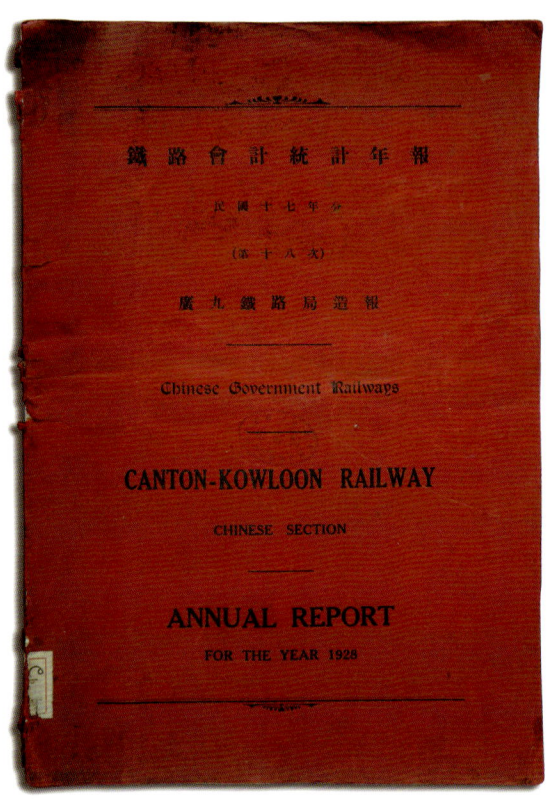
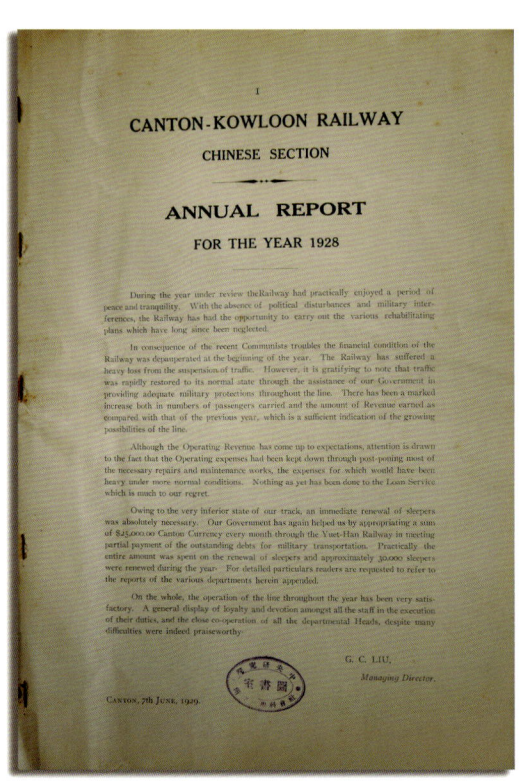

广九铁路第十八次会计统计年报
Canton-Kowloon Railway
Annual Report for the Year 1928

民国十七年（公元1928年）
长37厘米 宽25厘米 厚0.2厘米

广九铁路是连接广州与香港九龙的铁路线。光绪三十三年（1907年）正月，英国借款150万英镑给清政府修筑广州至深圳段。同年七月，英国修筑九龙至深圳段35.78公里率先开工，而广深段则在1909年动工。中英商定以罗湖桥中孔第二节为界，分为华、英两段。当时华段全长142.77公里，即今之广深铁路，华人铁路建筑工程师詹天佑为顾问。此为港九铁路局编制的民国十七年份会计统计年报，封面用中英两种文字，内页则主要为英文，包括执行董事报告、总工程师报告、总会计师报告、交通运输经理报告、机车部报告，以及各类会计统计报表。

 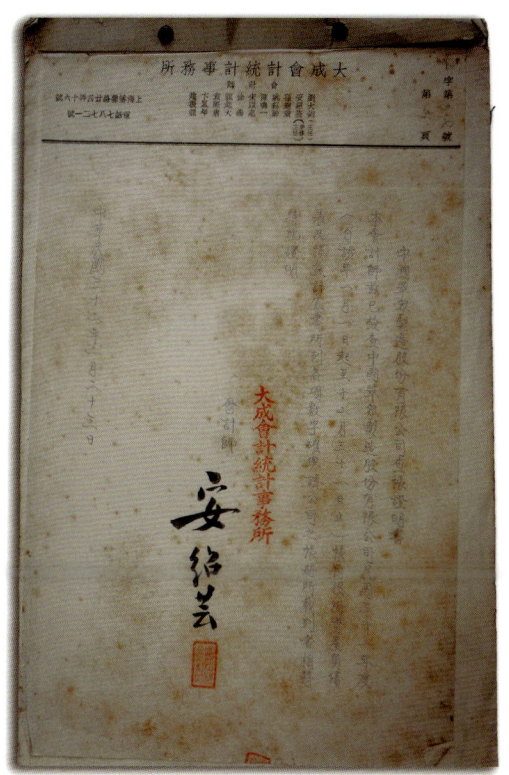

大成会计统计事务所查账报告

Auditors' Report of Dacheng Accounting and Statistics Firm

民国三十二年（公元1943年）
长 34.5 厘米 宽 21.5 厘米 厚 0.2 厘米

大成会计统计事务所由知名会计师刘大钧、安绍芸等建立，与一般会计师事务所不同，其名称中包含"统计"一词，与当时国民政府主计处的机构设置相类似。本件检查中国萃众制造股份有限公司民国三十一年年度账目报告，为著名会计师安绍芸所签发。安绍芸担任该所事务主任，新中国成立后，安绍芸成为第一任主管会计工作的官员，为新中国会计制度建设做出了重要贡献。

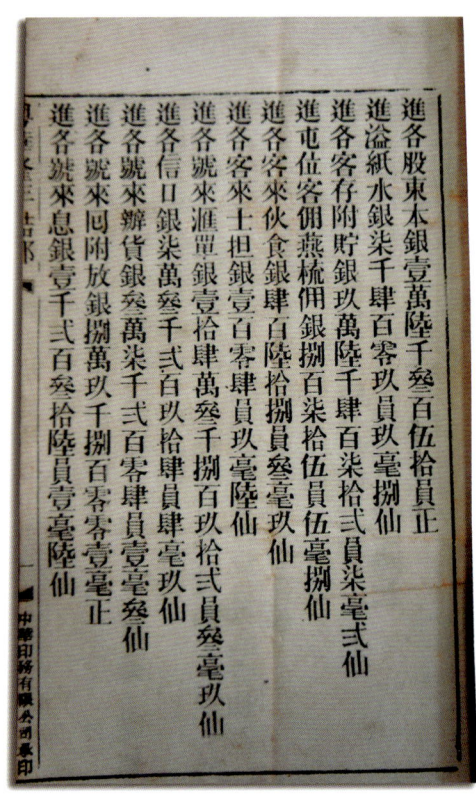
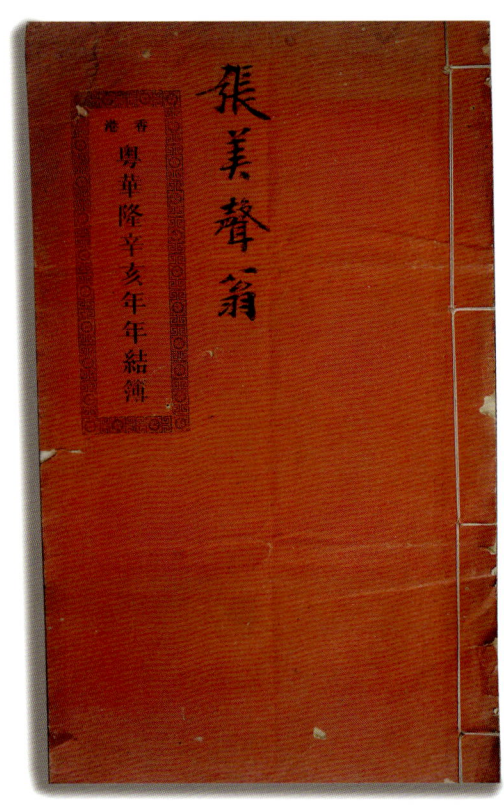

香港粤华隆辛亥年年结簿

Annual Settlement of Hongkong Yuehualong Firm in the Year Xinhai

辛亥年（公元 1911 年）
长 27.5 厘米 宽 15.6 厘米 厚 0.2 厘米

年结簿是旧时南方商号结算年度账目采用的典型报告形式，常用四柱方式结算盈利。此件香港粤华隆辛亥年年结簿，采用进、支、存、欠四柱列示，存欠比对确定溢利银，再扣除花红一成，最终得出除花红之外溢利银总数。此件注明为张美声翁收执。

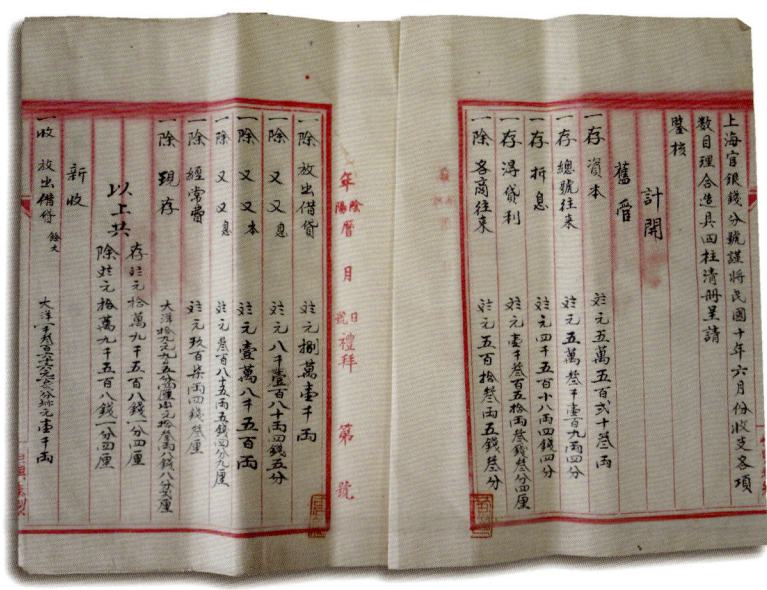
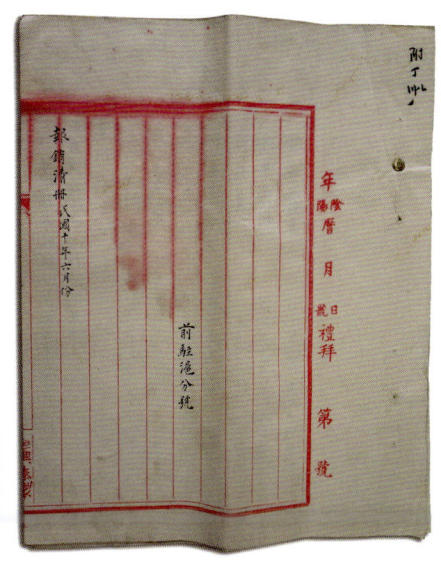

上海官银钱分号四柱报销清册

Four Pillars Settlement Report of shanghai Official Silver Branch Office

民国十年（公元 1921 年）
长 25 厘米 宽 20 厘米

吉林永衡官银钱号驻沪分号民国十年六月份呈交总号的报销清册。呈报上海分号民国十年六月份收支各项数目，提请总号鉴核。清册采用四柱方式，详列旧管、新收、开除、实在各项细数。吉林永衡官银钱号是清末民初重要的金融机构，其前身是清咸丰六年（1856年）在吉林省城税局内成立的"吉林通济官钱局"。几经停复，于1909年8月1日由吉林省政府出面将"吉林永衡官贴局"与"官钱局"合并，更名为"吉林永衡官银钱号"，至民国三十二年种植业务。

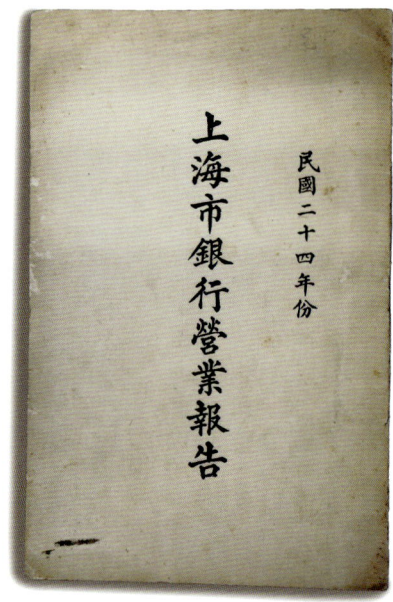
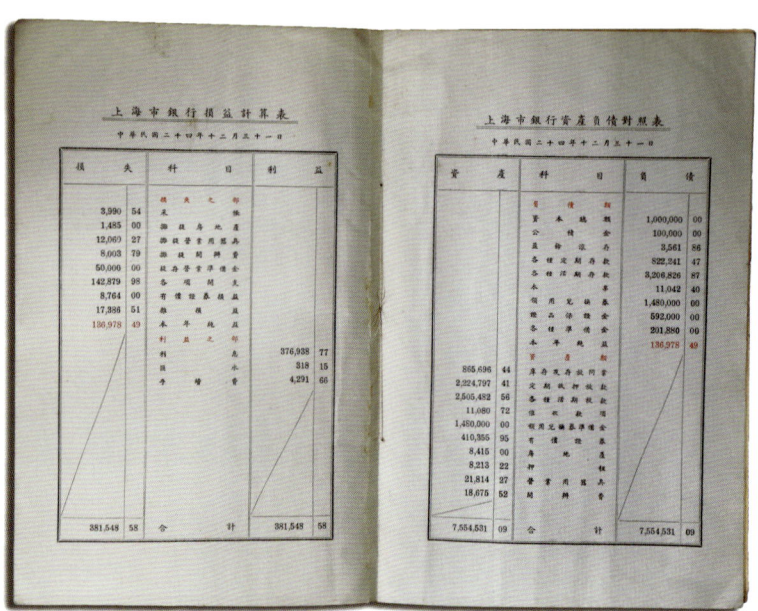

上海市银行民国二十四年份营业报告

Business Report of Shanghai City Bank in the 24th Year of the Republic of China

民国二十四年（公元1935年）
长25.5厘米 宽17厘米 厚0.2厘米

上海市银行民国二十四年份营业报告书。采用日本会计常用的报表结构及名称形式，概列该行主要信息，如：成立时期、已收资本、总行地址、理事、监事、经理人员，以及形式简明的资产负债对照表和损益计算书。著名会计师谢霖审核报表并签署意见表明各表均经审核无讹。

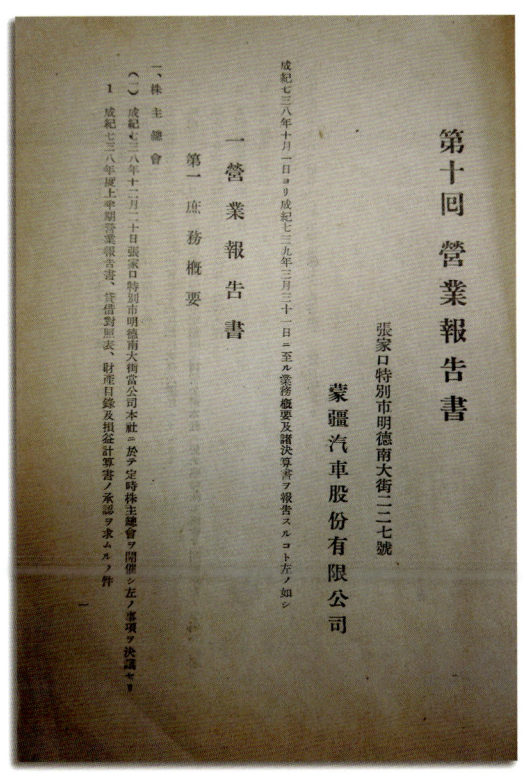 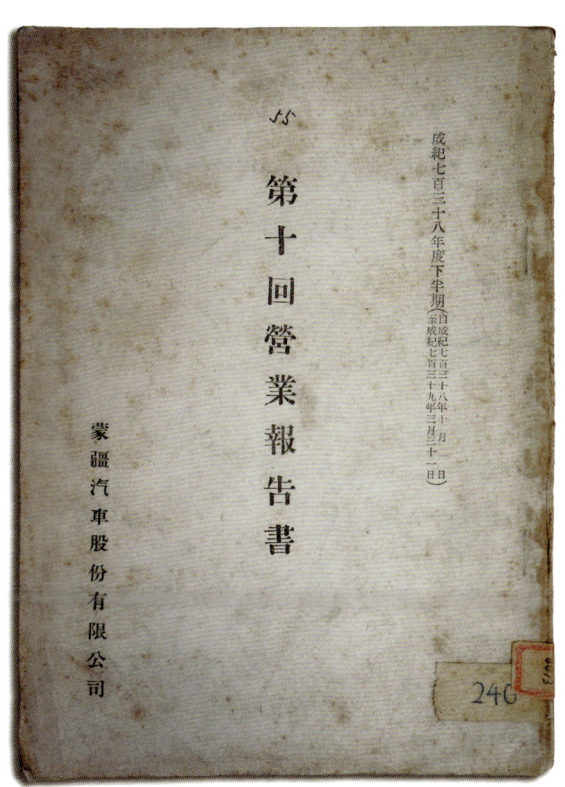

蒙疆汽车股份有限公司第十回营业报告书

The Tenth Business Report of Mongolia Auto Co., Ltd.

成纪七三八年（公元1944年）
长26厘米 宽18厘米 厚0.2厘米

抗战时期位于张家口特别市的蒙疆汽车股份有限公司1944年第十回营业报告书。此时张家口属于伪蒙政府地界，采用成纪（成吉思汗）纪年。报告用日文编制，内容包括该公司自成纪七百三十八年十月一日至成纪七百三十九年三月三十一日公司的营业报告书、贷借对照表、财产目录及损益计算书。

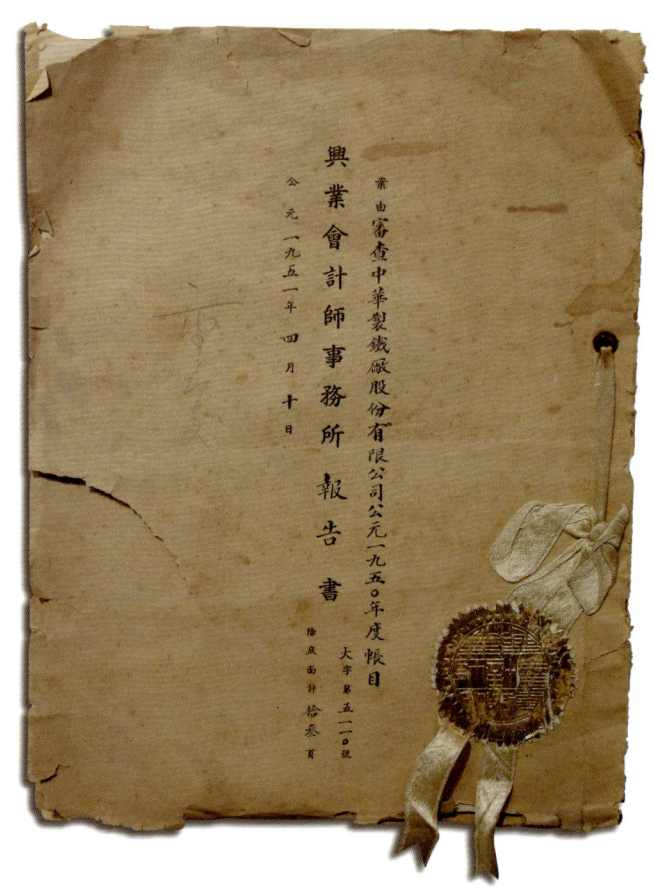

兴业会计师事务所查账报告书

Xingye Certified Public
Accountants Firm Audit Report

1951 年
长 29 厘米　宽 22 厘米　厚 0.2 厘米

兴业会计师事务所审查中华制铁厂股份有限公司 1950 年年度账目的报告书，共计三十页。

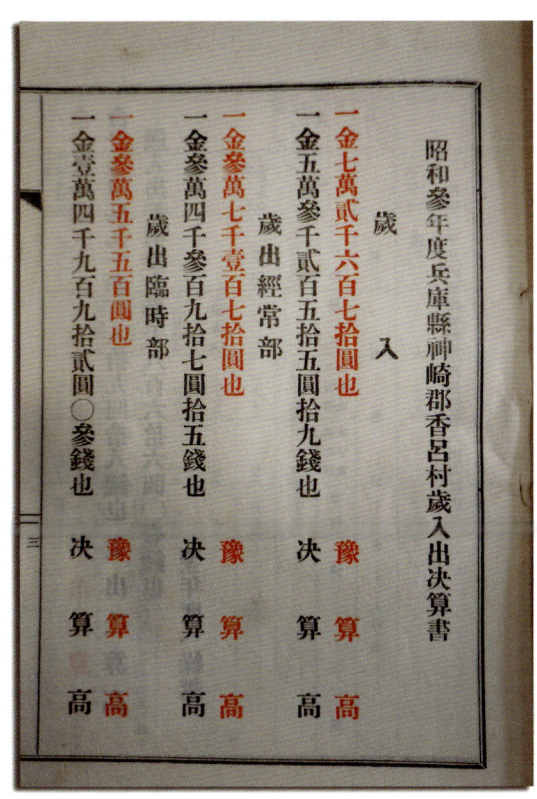
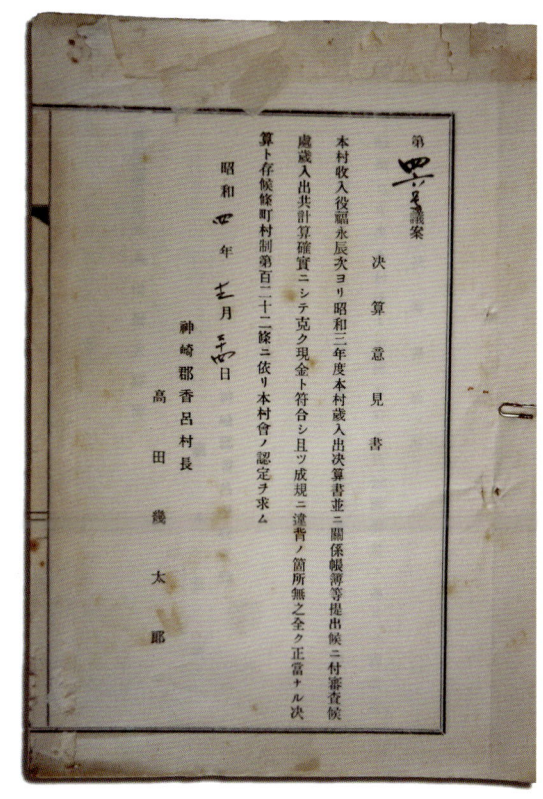

昭和三年度兵库县神崎郡香吕村岁入出决算书

Showa 3ed Year Annual Revenue and Expenditure Settlement of Xianglv Village, Shenqi County

日本 昭和三年（公元 1928 年）
长 24.5 厘米 宽 17 厘米 厚 0.2 厘米

昭和时期，日本各级政府组织实行严格的预决算制度，通过预决算控制岁入岁出。此为昭和三年度兵库县神崎郡香吕村岁入出决算书，二十二页。卷首有署村长高田几太郎之名的决算意见书。决算书详细列示了该村昭和三年岁入、岁出经常部、岁出临时部的预算数和决算数，以及入出差。其项目列示极为详细。

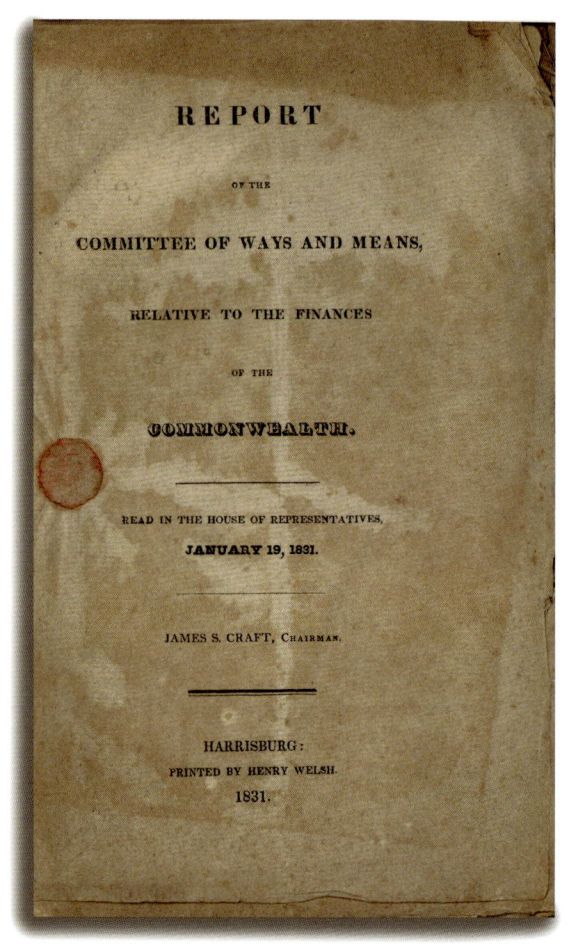

宾夕法尼亚州国民会议融资方式委员会报告

Report of the Committee of Ways and Means, Relative to the Finances of the Commonwealth, Pennsylvania

美国 1831 年
长 22.5 厘米 宽 14.8 厘米 厚 0.5 厘米

宾夕法尼亚州国民会议融资方式委员会于1831年1月19日提交众议院的报告，二十三页，详细说明了宾夕法尼亚州1830年度的融资状况、存在的问题及应对办法。

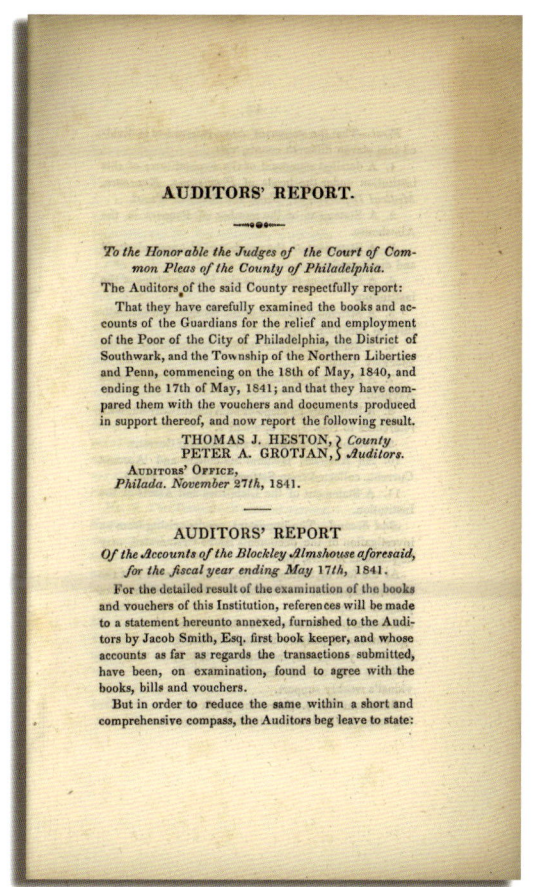
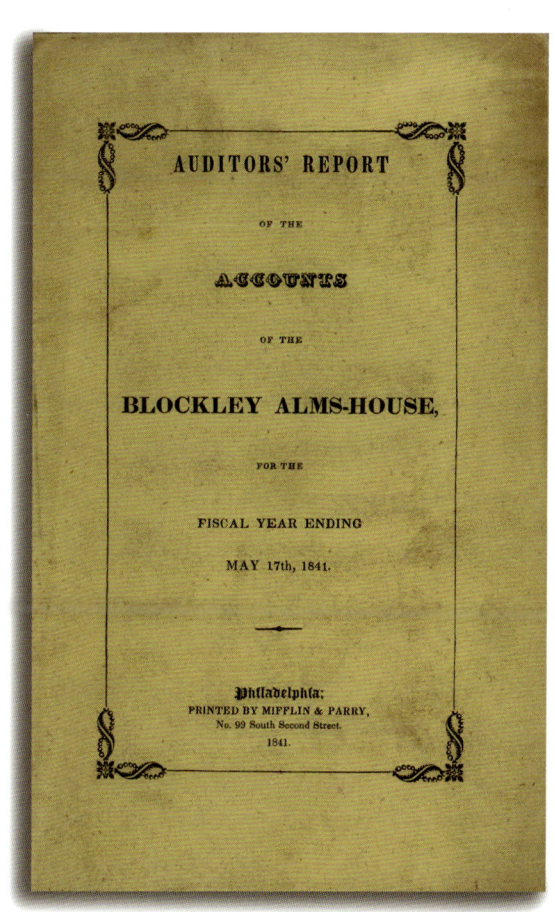

审计师审查布洛克利养老院截至1841年5月17日的财务年度账目的报告

Auditor's Report of the Accounts of the Blockley Alms-house for the Fiscal Year ending May 17th, 1841

美国 1841年
长 23 厘米 宽 14.2 厘米 厚 0.4 厘米

费城县审计师托马斯·J·赫斯顿、彼得·A·格洛简审查布洛克利养老院截至1841年5月17日为至的财务年度账目后提交给费城县民诉法院的审计报告。报告以数十页的篇幅，详细列示了审计中发现的问题。

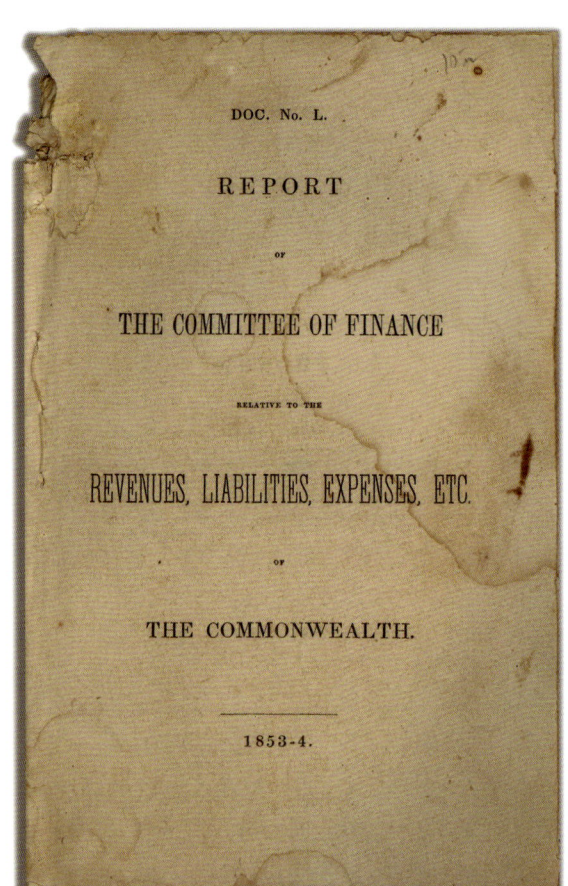

国民会议资金委员会
关于收入、负债、费用等的报告

Report of the Committee of Finance Relative to the Revenues, Liabilities, Expenses, Etc. of the Commonwealth

美国 1854 年
长 25 厘米 宽 16.7 厘米 厚 0.3 厘米

　　弗吉尼亚州国民议会资金委员会提交给众议院有关 1853—1854 年度收入、负债、费用等的报告。报告以二十三页的篇幅，以表格方式为主，详细列示弗吉尼亚州 1853 年 9 月 30 日的债务、收入、支出等情况，以及 1854 年、1855 年财政年度收支预估。

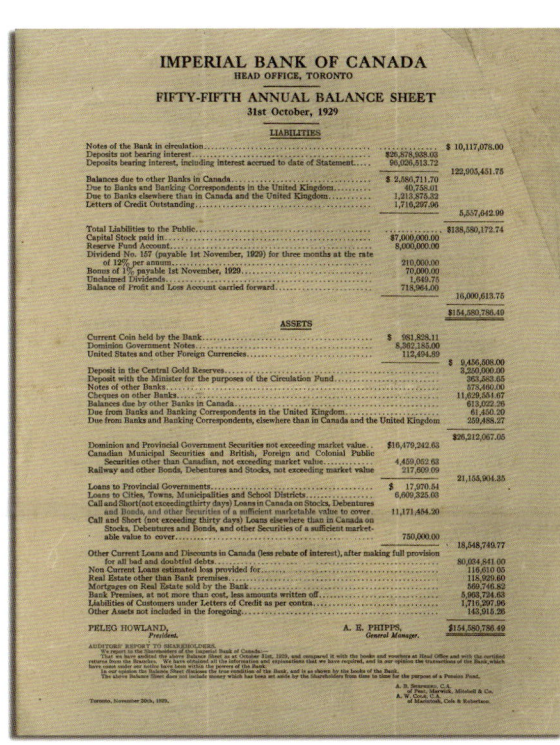
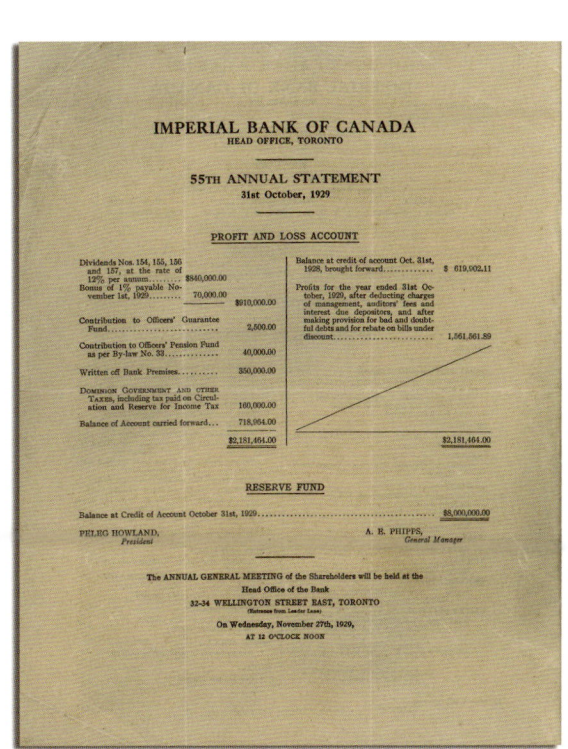

加拿大帝国银行第五十五届年度报告

Imperial Bank of Canada
Fifty-Fifth Annual Report

加拿大 1929 年
长 30 厘米 宽 21 厘米 厚 0.1 厘米

非常简略的报告格式。报告内容包括公司董事会及组织机构介绍、分支机构、资产负债表、损益表。其资产负债表采用负债列前的报告式表式结构，损益表称为"Profit and Loss Account"，也是极简格式。审计报告放在资产负债表下。

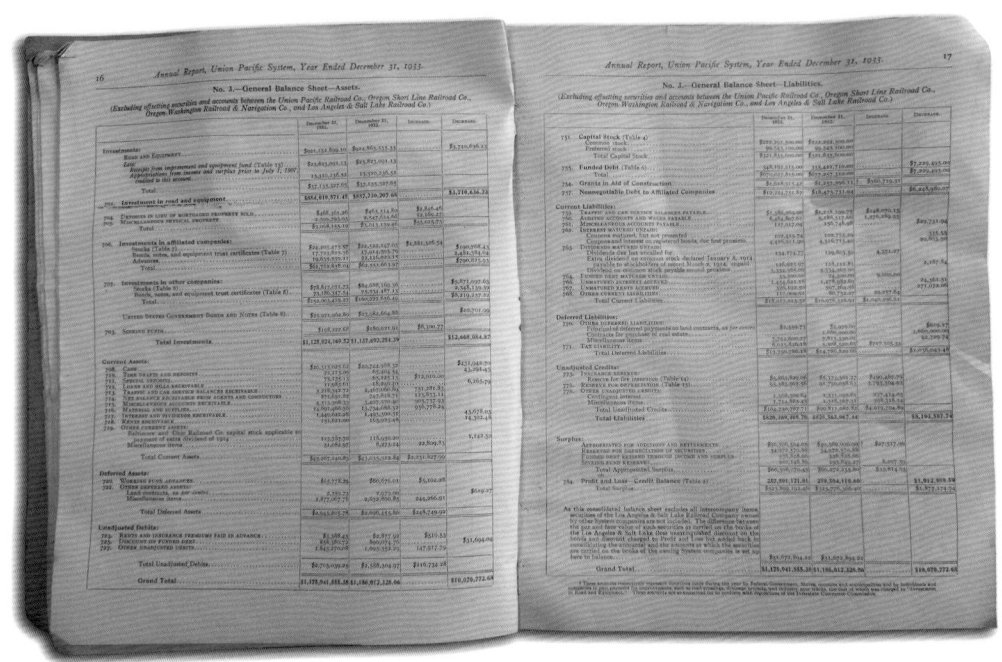

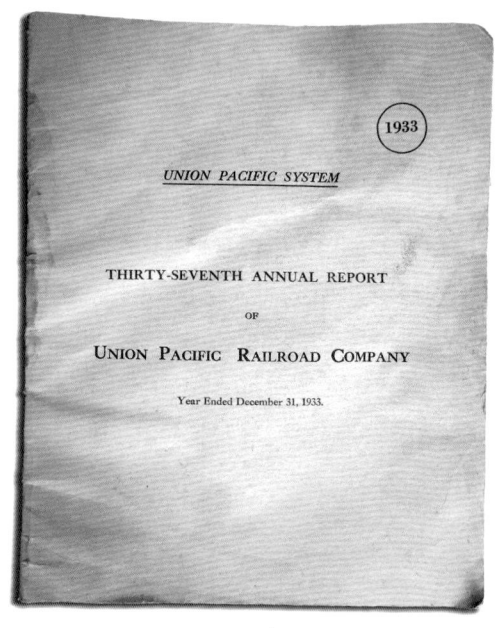

联合太平洋铁路公司第三十七届年度报告
Thirty Seventh Annual Report of Union Pacific Railroad Company

美国 1934 年
长 29.5 厘米 宽 23.5 厘米 厚 0.4 厘米

联合太平洋铁路公司是美国运输业的领导性企业，在美国西部和加拿大、墨西哥长达 36000 英里的铁路线上运输煤、化学制品及其他货物。此为该公司 1934 年 4 月份发布的公司 1933 年度财报（总第三十七届）。报告内容包括公司高层及主要下属子公司介绍、董事会报告、总裁致董事会的报告、公司损益表和资产负债表、下属子公司会计报表、各种业务统计，最后是一张联合太平洋铁路系统地图。

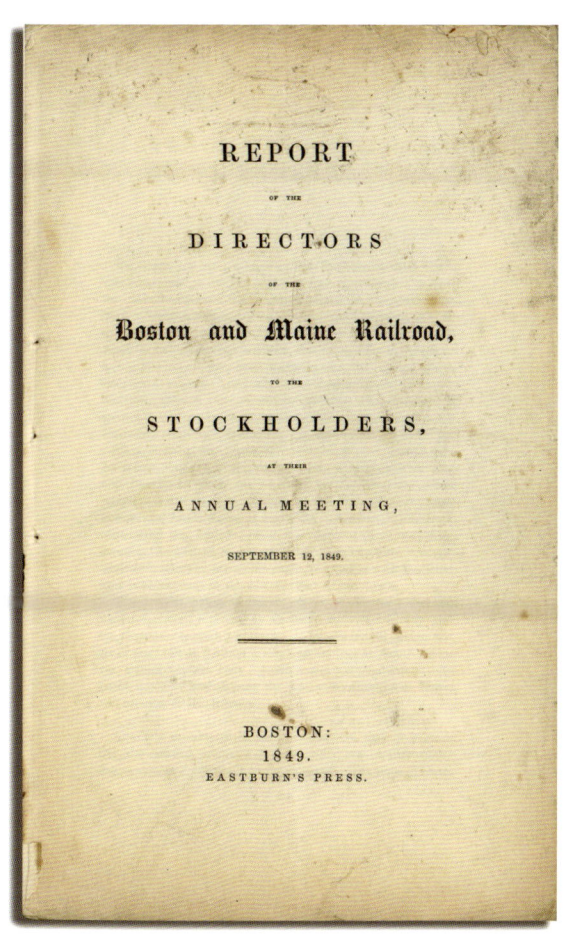

波士顿
——缅因铁路公司于 1849 年年度股东大会上提交的董事会报告
Report of the Directors of the Boston and Maine Railroad,
to the Stockholders at the Annual Meeting 1849

美国 1849 年
长 24 厘米 宽 14.5 厘米 厚 0.3 厘米

  波士顿—缅因铁路公司 1835 年 6 月 27 日在美国新罕布什尔州特许成立，至 1900 年，该公司名下已经拥有新英格兰北部 2300 英里的铁路，四十七条铁路线，成为新英格兰地区最著名的铁路公司。此为该公司 1848—1849 会计年度的财务报告，共二十七页，前二十页为公司总裁托马斯·韦斯特对公司情况的说明，后面七页详列公司各种报表。

纽约中央铁路公司 1947 年度年报

New York Central Railroad Company Annual Report 1947

美国 1947 年
长 26.7 厘米 宽 20.6 厘米 厚 0.2 厘米

纽约中央铁路公司总部设在纽约，在美国东北部大部分地区提供铁路服务，公司名下路轨遍布纽约、宾夕法尼亚、俄亥俄、密歇根、印第安纳、伊利诺斯、马萨诸塞等州，并在加拿大安大略省和魁北克省拥有铁路线。此为该公司 1947 年度年报，二十四页的篇幅，详尽地反映了公司各方面情况，包括：总裁署名的年度回顾、重要事实概览、重大项目资讯、公司名下铁路系统图、公司重大政策、资产负债表、损益表、赚得盈余表、到期债务表、董事及高级职员名录等。

芝加哥第一国民银行第七十六届年度报表

The First National Bank of Chicago Seventy-sixth Annual Statement

美国 1939 年
长 32.2 厘米 宽 25 厘米

芝加哥第一国民银行成立于1863年。此为该银行第七十六届年度报表，以城市建筑为背景，列示了1939年12月30日的资产负债表。报表采用报告式表式结构。与一般资产负债表不同的是，本表中将所有者权益项目也列在负债项下。

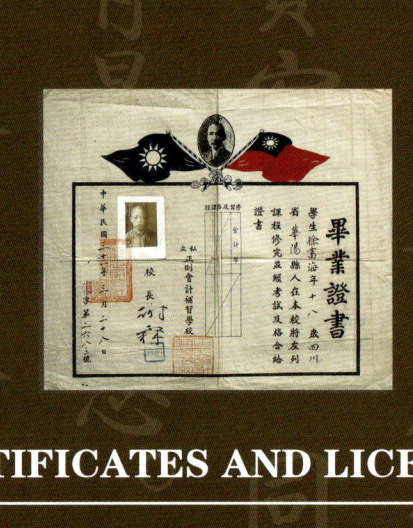

CERTIFICATES AND LICENSES

Certificate and photograph is the materials related directly to the persons in historical events, reflets the work and life of the individuals behind the history. This part introduces 28 pieces of accounting related certificates and photographs, including: accountant qualifications, accounting education certificates, stock, historical photographs, etc.

CERTIFICATES AND LICENSES

Certificate and photograph is the materials related directly to the persons in historical events, reflets the work and life of the individuals behind the history. This part introduces 28 pieces of accounting related certificates and photographs, including: accountant qualifications, accounting education certificates, stock, historical photographs, etc.

第五篇 证照

证书和照片是会计及相关人士在工作和生活中留下的与个体职业生涯直接相关的材料，是历史背后一个个鲜活个体的真实写照，同时也隐含着重要的时代及背景信息。本篇选辑与会计历史相关的各类证照二十八件，其中包括会计师资格证书、会计院校毕业证书、股票、老照片等。

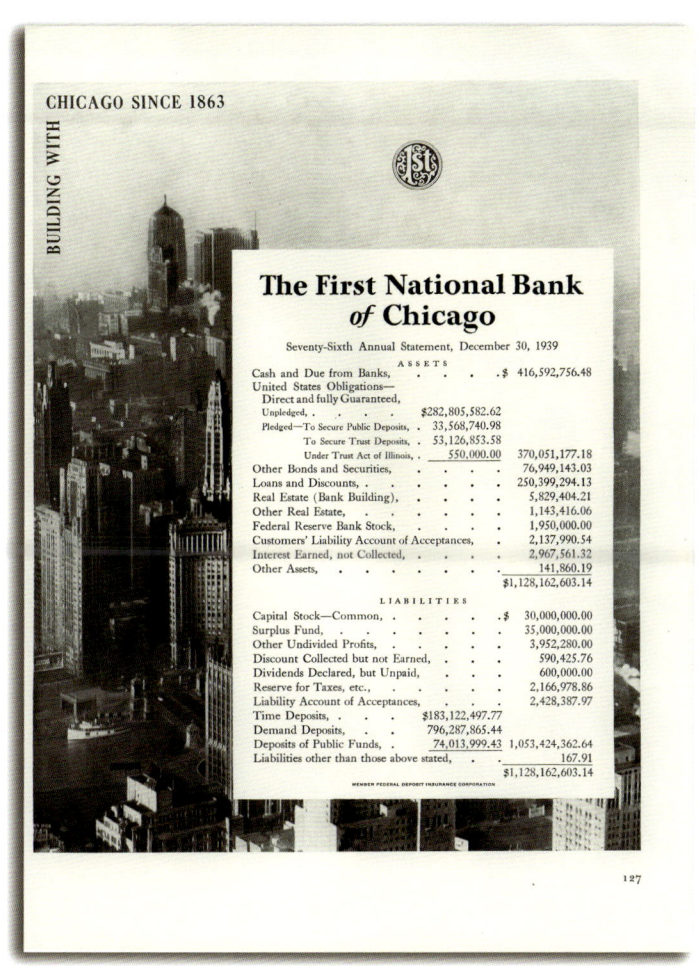

芝加哥第一国民银行第七十六届年度报表

The First National Bank of Chicago
Seventy-sixth Annual Statement

美国 1939 年
长 32.2 厘米 宽 25 厘米

芝加哥第一国民银行成立于 1863 年。此为该银行第七十六届年度报表，以城市建筑为背景，列示了 1939 年 12 月 30 日的资产负债表。报表采用报告式表式结构。与一般资产负债表不同的是，本表中将所有者权益项目也列在负债项下。

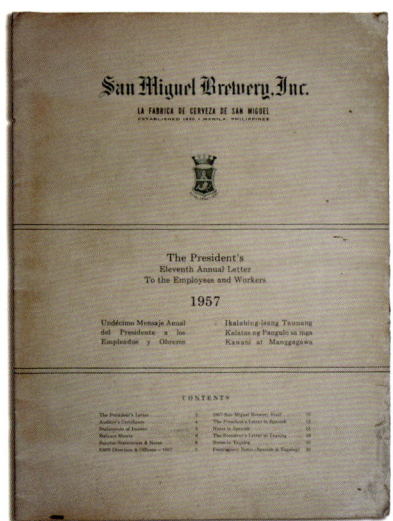
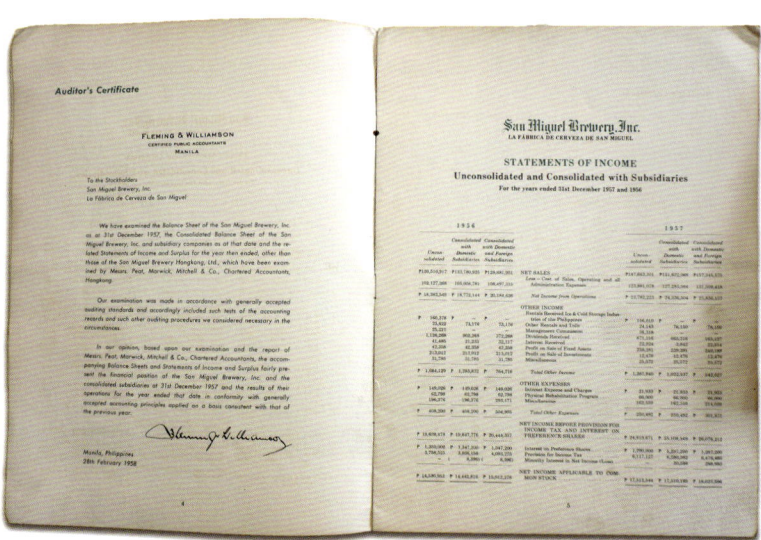

生力啤酒公司 1957 年年度报告

San Miguel Brewery,
Inc. 1957 Annual Report

菲律宾 1957 年
长 30.5 厘米 宽 22.8 厘米 厚 0.2 厘米

1890年，经西班牙皇家特许，Don Enrique M. Barreto 在马尼拉设立生力啤酒厂，1913年发展为生力啤酒有限公司，1963年更名为生力集团公司，为菲律宾最大的商业集团之一，并在世界多地开设子公司，主营饮料、食品及包装。此为该公司1957年度报告，内容包括：总裁致员工的信、审计报告书、公司合并损益表、合并资产负债表、董事会成员及公司职员名单，以及西班牙语、菲律宾语总裁信和报表附注。

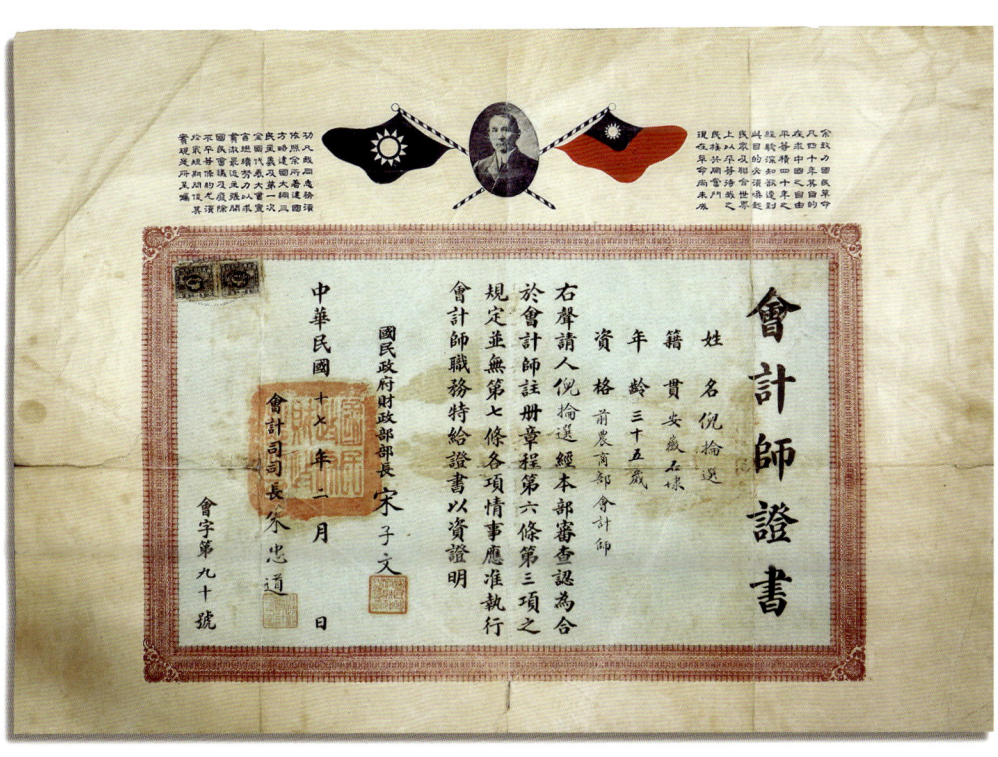

国民政府财政部
颁发给倪抡选的会计师证书

Accountant Qualification issued by the Ministry of Finance to Ni Lunxuan

民国十七年（公元 1928 年）
长 54.5 厘米　宽 39.5 厘米

　　自民国七年（1918 年）北洋政府农商部应谢霖呈请颁布《会计师暂行章程》至民国十六年，会计师监督权属农商部，十年间共颁发会计师证书二百八十四份。民国十六年南京国民政府成立，会计师监督权改属财政部，民国十六年十一月至民国十八年五月，共颁发会计师证书二百六十八份。此为民国十七年二月国民政府财政部颁发给安徽人倪抡选的会计师证书，编号会字第九十号，上有国民政府财政部部长宋子文和会计司司长朱忠道签名及印章。

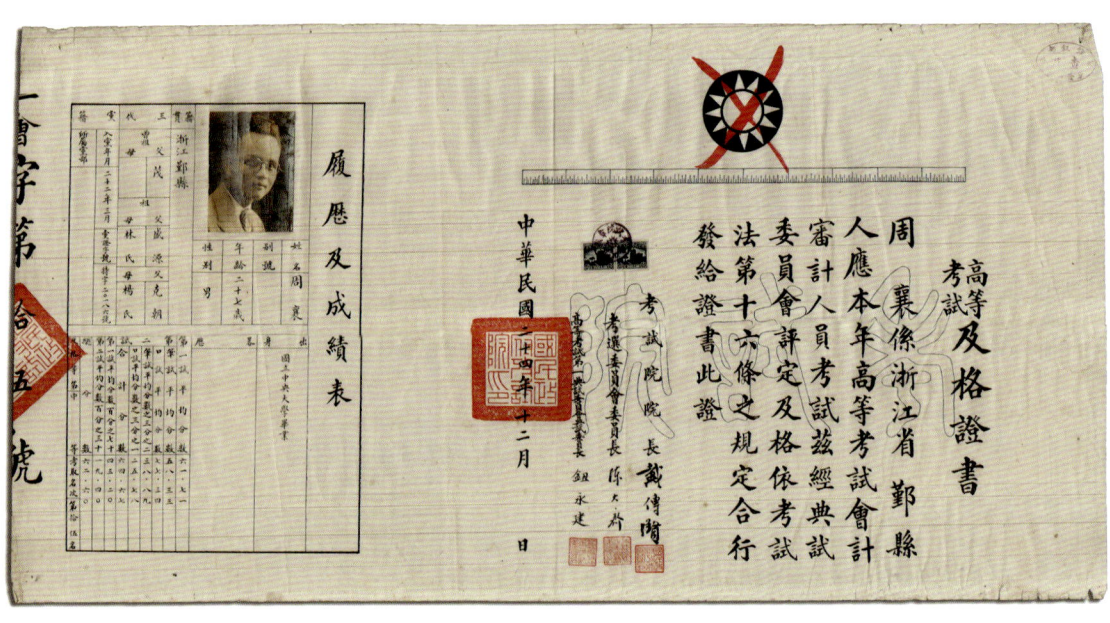

周襄高等考试及格证书

Diploma of Zhouxiang Advanced Exam High Civil Servant Examination

民国二十四年（公元 1935 年）
长 80 厘米 宽 41 厘米

南京国民政府为了解决人才选拔问题，于 1928 年成立考试院，作为国民政府最高考试机关，掌理考选、铨叙事宜。1931 年 7 月，南京国民政府隆重举行第一届高等考试，选拔出 101 名及格人员；1933—1947 年的十四年间共举行高等考试十四次，录取总人数四千零四十六人；普通考试十四次，录取总人数六千二百一十人；特种考试十五次，录取总人数十四万九千零三十二人。高等考试中包括会计审计人员高等考试。此件为颁发给浙江省鄞县人周襄的高等考试及格证书，左首为周襄个人履历及成绩表。

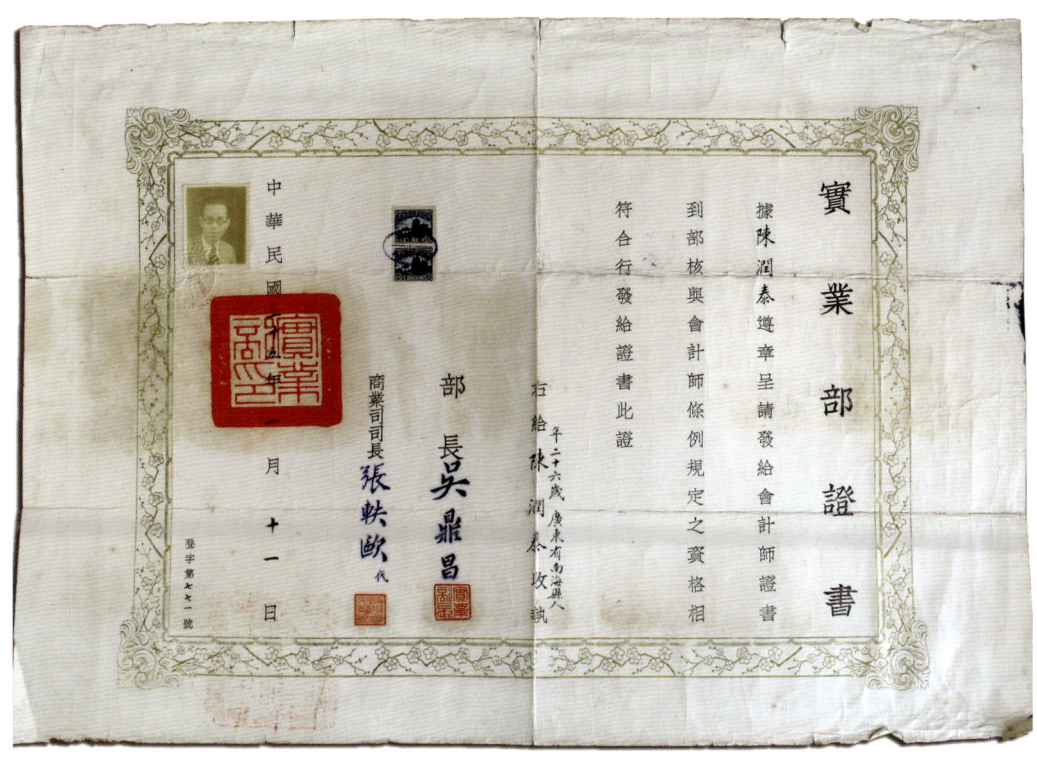

国民政府实业部颁发给陈润泰的会计师证书

Accountant Qualification issued by the Department of Industry to Chen Runtai

民国二十五年（公元 1936 年）
长 57.5 厘米 宽 41 厘米

国民政府实业部于民国二十五年一月十一日颁发给广东省南海县人陈润泰的会计师证书。与财政部颁发的会计师证书不同，此证书题名写为"实业部证书"，上有实业部部长吴鼎昌及商业司代司长张轶欧名章。

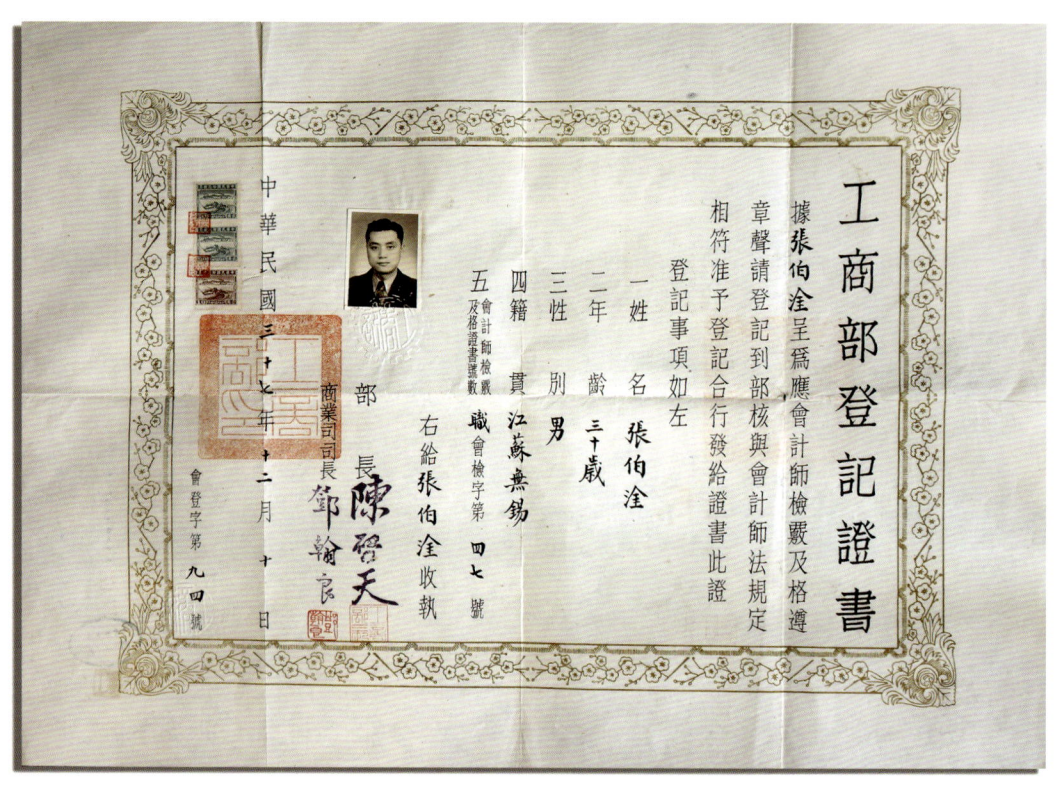

国民政府工商部颁发给张伯淦的会计师证书

Accountant Qualification issued by the Department of Industry and Commerce to Zhang Bogan

民国三十七年（公元 1948 年）
长 54 厘米 宽 39 厘米

证书题名为"工商部登记证书"，上写："据张伯淦呈为应会计师检覆及格遵章申请登记到部，核与会计师法规定相符，准予登记，合行发给证书，此证。"证书上有时任工商部部长陈启天、商业司司长邓翰良签章。

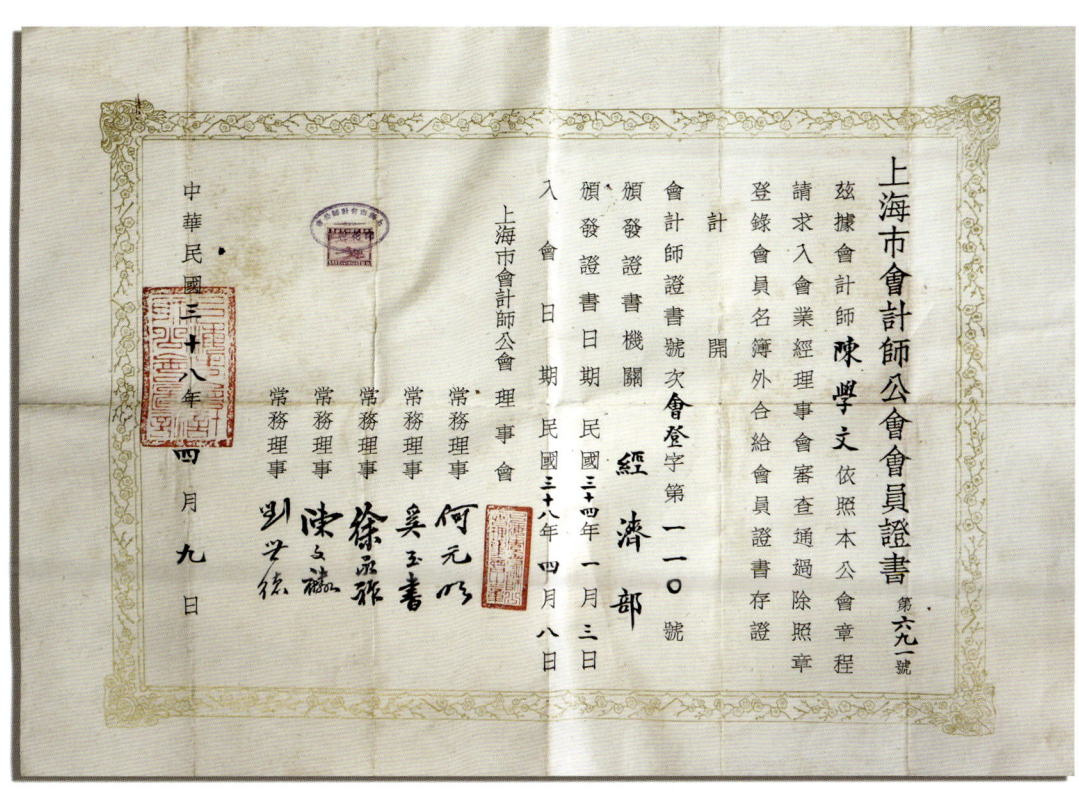

上海市会计师公会
颁发给陈学文的会员证书

Membership Certificate of Shanghai Accountant Society to Chen Xuewen

民国三十八年（公元1949年）
长49厘米 宽36厘米

　　1924年4月20日，徐广德、徐永祚等七名注册会计师在上海集会，商讨成立中华民国会计师公会事宜。因公会发起人多为上海执业之人士，著名会计师谢霖对会计师公会称为"中华民国会计师公会"提出异议。在上呈农商部审批时，农商部亦对名称一事提出异议，认为："章程第一条应改为本公会由中华民国农商部核准在上海附近行使职务之会计师组织，名曰上海中华民国会计师公会。"1925年3月15日，上海中华民国会计师公会正式成立，后简称"上海市会计师公会"。此为该组织于民国三十八年颁发给陈学文会计师的会员证书。

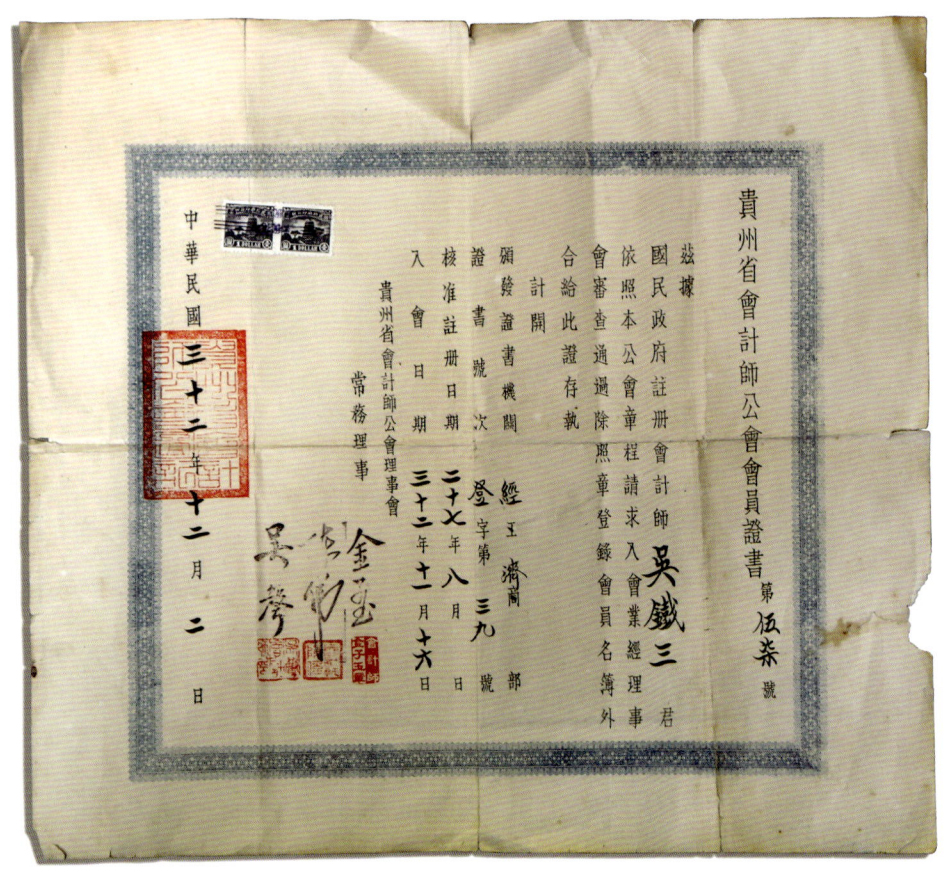

贵州省会计师公会颁发给吴铁三的会员证书

Membership Certificate of Guizhou Province Accountant Society

民国三十二年（公元 1943 年）
长 39.5 厘米 宽 36.5 厘米

自上海市会计师公会成立后，全国各地陆续成立地方会计师公会。至 1933 年 3 月，全国各地设有会计师公会的省区和城市已达 11 个，包括：上海、平津、浙江、广东、山东、江西、江苏、南京、武汉、重庆、青岛等。地处大西南的贵州省也随后设立了会计师公会。此为贵州省会计师公会于民国三十二年（1943 年）十二月二日颁发给吴铁三的会员证书，编号第五十七号。证书上有贵州省会计师公会理事会常务理事金子玉、陈伟、吴声三位会计师签章。

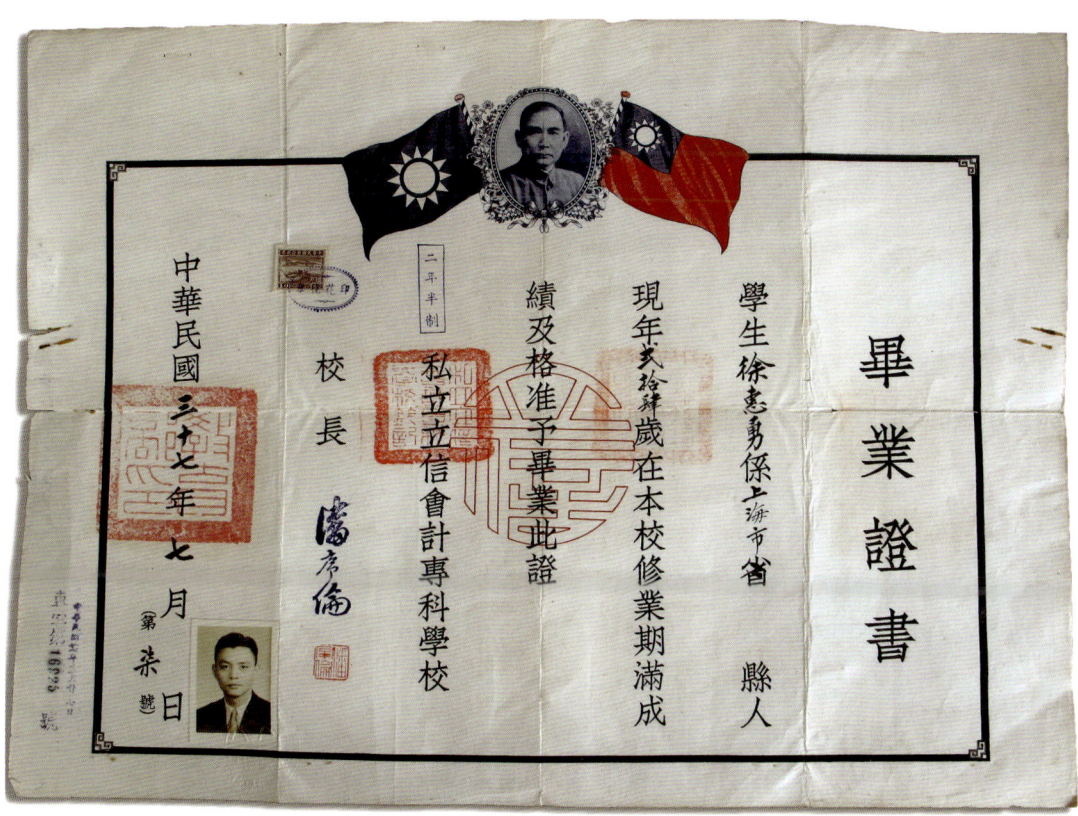

私立立信会计专科学校徐惠勇毕业证书

Private Lixin Accounting Vocational School Diploma to Xu Huiyong

民国三十七年（公元1948年）
长48厘米 宽36厘米

私立立信会计专科学校是民国时期中国最具影响的会计院校。此为该校民国三十七年七月颁发给学生徐惠勇的毕业证书，上有教育部印、私立立信会计专科学校钤信以及潘序伦名章。徐惠勇毕业后长期从事会计及管理工作，曾任上海市审计局总会计师、上海市会计学会副会长兼秘书长，在会计工作方面卓有建树。

正则会计补习学校毕业证书

Graduation Certificate of Zhengze Accounting Continuation School

民国三十一年（公元 1942 年）
长 30 厘米 宽 25 厘米

　　1918 年 6 月，谢霖上呈北洋政府农商部和财政部，提议建立中国会计师制度，并亲拟会计师章程十条。谢霖获颁第一号会计师证书，随即在北京、天津设立正则会计师事务所，此后又在国内大中城市设立分所二十九处。凡设有会计师事务所的地方，都办有正则会计补习学校，学校培养了大批会计人才。此为该校民国三十一年三月二十八日颁发给四川省华阳县人徐富海的毕业证书。

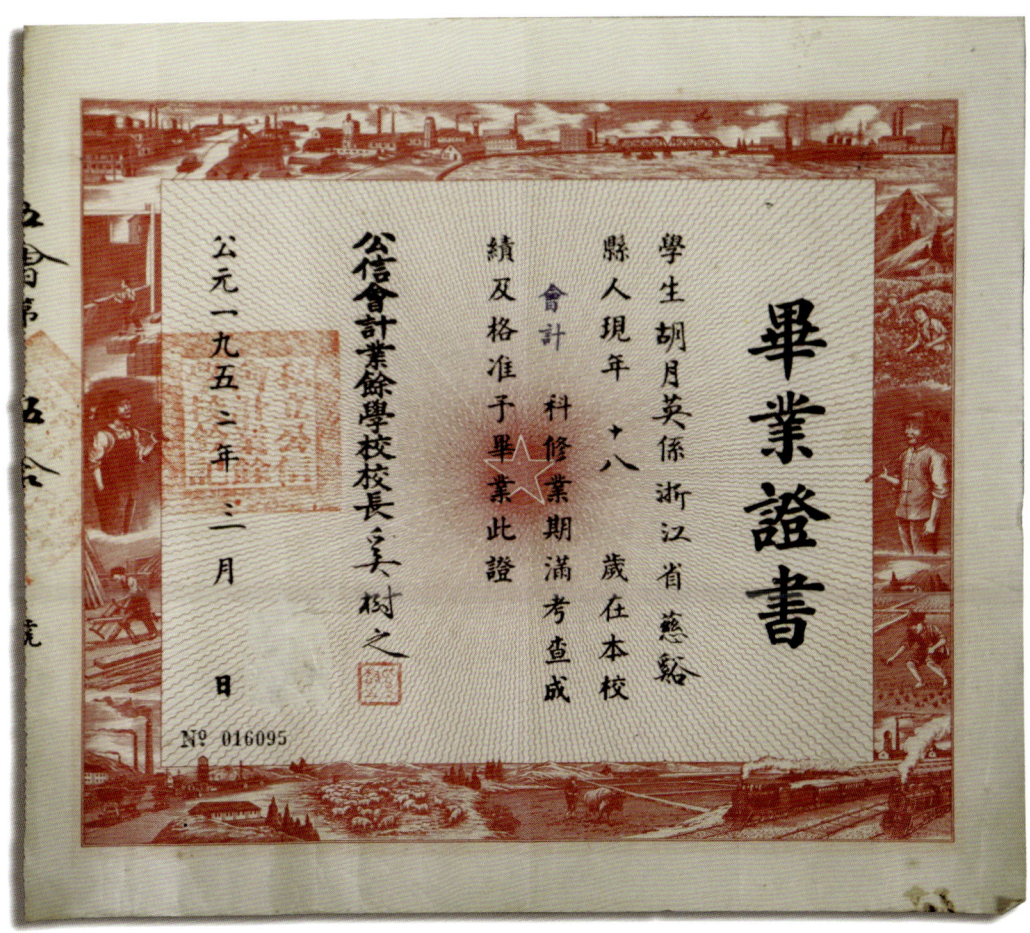

公信会计业余学校毕业证书
Gongxin Accounting Amateur School Diploma

1952 年
长 30 厘米 宽 26.5 厘米

公信会计业余学校于 1952 年 3 月颁发给浙江慈溪人胡月英的毕业证书。盖有"私立公信会计业余学校钤记"。公信会计业余学校是著名会计师、曾任中华民国会计师公会理事长的奚玉书会计师创办的公信会计事业之一，其创办的公信会计师事务所，忝列民国四大会计师事务所之一，在中国注册会计师行业发展史上具有重要影响。

生产队会计员任命书
Production Team Accountant Appointment

1980 年
长 25 厘米 宽 18 厘米

山西省岚县梁衬会公社颁发给梁锁锁的任命书，任命其担任梁衬会人民公社修家庄大队修家庄生产队会计员。盖有"山西省岚县梁衬会信用合作社"和"岚县梁衬会人民公社管理委员会"两枚公章。以这样正式的方式来任命一个生产队的会计员，甚为少见。

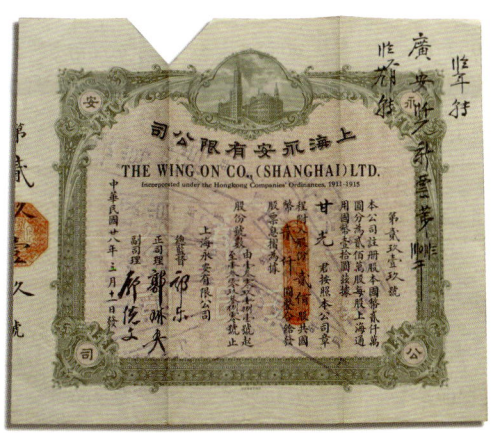

上海永安有限公司股票（带封套）

Stock Certificate and Envelope of Shanghai Wing On Co., Ltd.

1941 年
股票：长 30 厘米　宽 22.7 厘米
封套：长 24.4 厘米　宽 10.7 厘米

　　永安公司是中国近代最大的百货公司，由大洋洲华侨郭乐等人创办。1918 年开业的上海永安公司，主营环球百货，并附设旅馆、酒楼、茶室、游乐场及银业部。至 20 世纪 30 年代，永安公司跃居上海四大公司之首，在中国和世界享有良好声誉。此件发给王文模的股票（带封套），计一百股，值华币一千元，股票编号 03809，签发于 1941 年 8 月 8 日。股票上写：本公司资本额定华币二千万元，分为二百万股，每股华币十元。

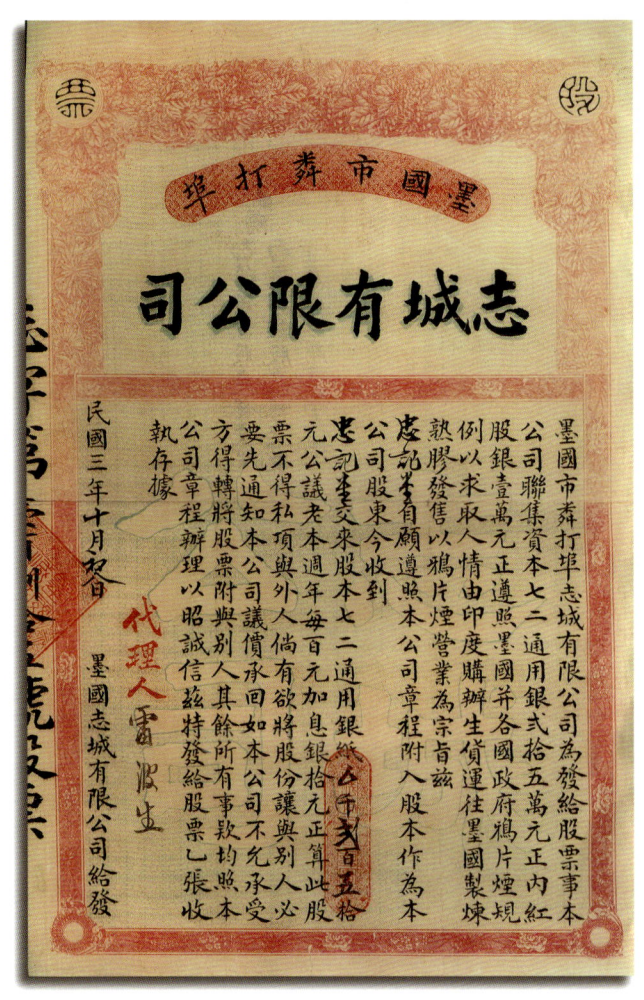

墨国市粦打埠志成有限公司民国三年股票

Macau Lindabu Zhicheng Co., Ltd. Stock issued in the 3ed Year of the Republic of China

民国三年（公元 1914 年）
长 38 厘米 宽 24.5 厘米

　　澳门市志成有限公司为鸦片生意筹集资金于民国三年十月初八日发给忠记堂的股票。上写："墨国市粦打埠志成有限公司为发给股票事，本公司联集资本七二通用银二十五万元整，内红股银一万元整。遵照墨国并各国政府鸦片烟规例以求取人情，由印度购办生货，运往墨国制炼熟膠发售，以鸦片烟营业为宗旨。"

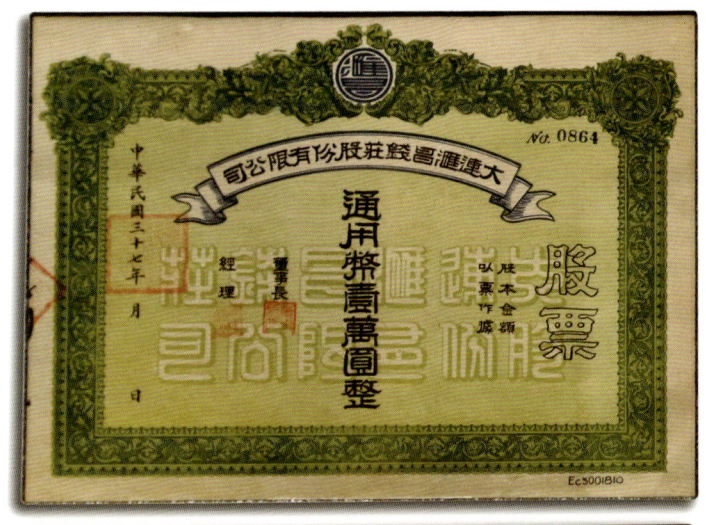
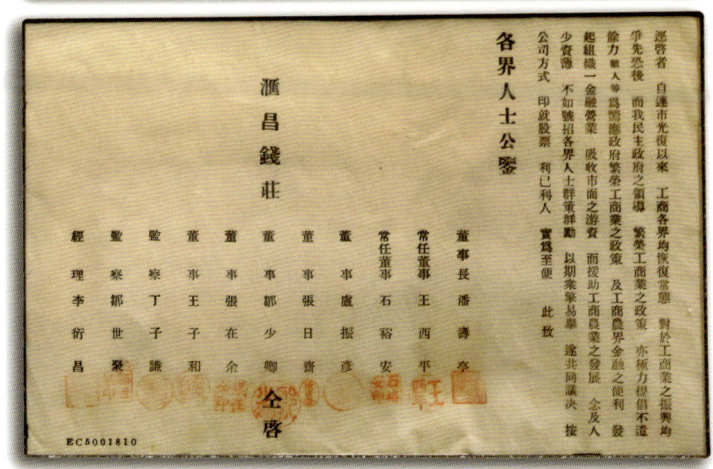

大连汇昌钱庄股份有限公司股票

Dalian Huichang Money House Co., Ltd. Stock Certificate

民国三十七年（公元 1948 年）
长 24.6 厘米 宽 18.3 厘米

　　钱庄是旧时私人信用机构，1776 年前后起源于上海，主要分布在上海、南京、杭州、宁波、福州等地。早期钱庄多为独资或合伙组织。规模较大的钱庄除办理存款、贷款业务外，还可发庄票、银钱票，凭票兑换货币。小钱庄则仅仅从事兑换业务。此为大连汇昌钱庄股份有限公司民国三十七年发行的股票，上写"通用币一万元整"。

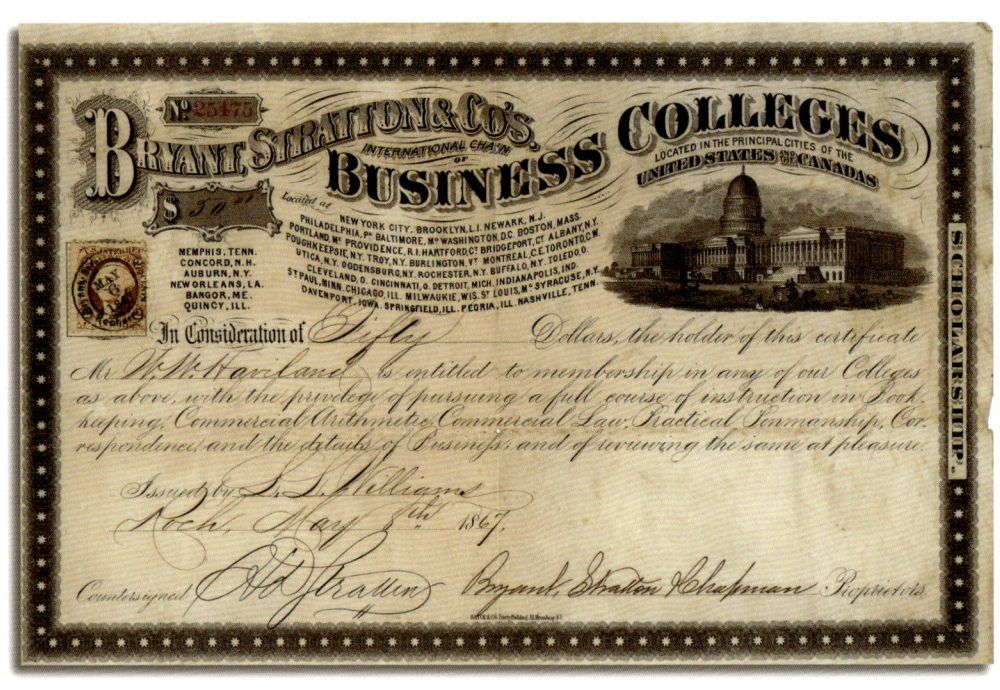

布兰特·斯图拉特商校（国际连锁）学位证书

Bryant Stratton & Co's International
Chain Business Colleges Scholarship Certificate

美国 1867 年
长 27 厘米 宽 18 厘米

布兰特·斯图拉特商业学校是美国历史上著名的商业教育机构。1854 年建校，初以簿记及标准化写作为主，在美国各地建立了多所分校。至 1864 年，其分校已达 50 多家。迄今为止，该校作为一家营利性教育机构，在美国纽约、俄亥俄、弗吉尼亚、威斯康辛等州建有分校和网校。此为该校 1867 年颁发的学位证书。

肯塔基大学商学院学位证书

Commercial College of Kentucky University Scholarship Certificate

美国 1906 年
长 28 厘米 宽 27 厘米

　　肯塔基大学是位于美国肯塔基州列克星顿市的一所公立大学,始建于 1865 年。这是该校商学院于 1906 年 1 月 2 日发给 B·C·马斯丁的学位证书。该生在校修习商人专业商务课程,三年修业期内学习了簿记学、商法、实用书法、商用算术、商务写作、商业惯例等课程。证书下面列示学习期间的各项收费,总计五十二美元。

西南出版公司颁发给
布雷斯·A·斯坎恩伯格的结业证书

Certificate of Proficiency to
Brace A. Schaneberger issued
by South-Western Publishing Company

美国 1930 年
长 42 厘米 宽 40 厘米

《20世纪簿记学》一书出版商西南出版公司于1930年6月26日颁发给布雷斯·A·斯坎恩伯格的结业证书，证明布雷斯·A·斯坎恩伯格参加卡塔索瓜高中所要求的簿记学课程学习，成绩及格。

纽约州立大学发给
赫伯特·阿德勒的会计师证书

University of the State of New York
Certificate to Herbert Adler as
CPA in the State of New York

美国 1957 年
长 44 厘米 宽 24.5 厘米

　　纽约州立大学1816年初创纽约波茨坦，是世界上最庞大的高等教育系统，目前共有六十四个分校，在校生近四十七万人，能为学生提供各种类型的教育机会。此证书是该大学教育系于1957年颁发给赫伯特·阿德勒的证书，证明赫伯特·阿德勒提交了令人信服的证据，证明他身体健康，并符合法律所要求的各种基本的、职业的及其他条件，经审查合格，授予纽约州注册会计师资格。证书下部有审查委员会秘书及校长兼教育委员会主任签名。

费城市贷款证书

Loan Certificate of the
City of Philadelphia

美国 1857 年
长 37.5 厘米 宽 22 厘米

宾夕法尼亚州费城市政府于 1857 年 9 月 3 日签发的贷款证书，证书编号 12293 号，贷款期限至 1873 年 7 月 1 日，年利率 6%，每半年付息一次。此件为美国银行票据股份有限公司印制的证书，十分精美，上有独立大厅、火车，以及威廉·佩恩、亨利·克莱、乔治·华盛顿、富兰克林等历史名人的小幅照片。

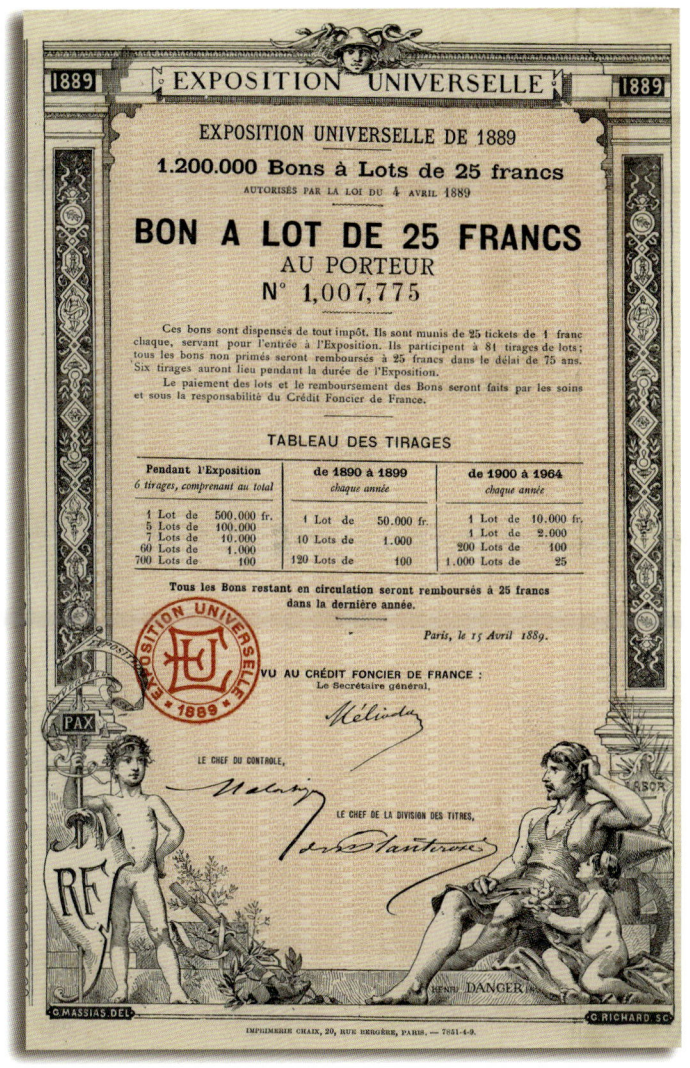

1889 年巴黎世博会债券
Exposition Universally in Paris 1889 Bond

法国 1889 年
长 26.7 厘米 宽 17.8 厘米

1889 年，为纪念法国大革命一百周年，在巴黎举办了第三届世博会，会期为 1889 年 5 月 5 日至 10 月 31 日，共有三十五个国家参加，总参观人数三千二百万人次。此为法国政府为该届世博会筹资发行的债券，共一百二十万份，面值二十五法郎。此件债券编号 1007775，1889 年 4 月 15 日发行。

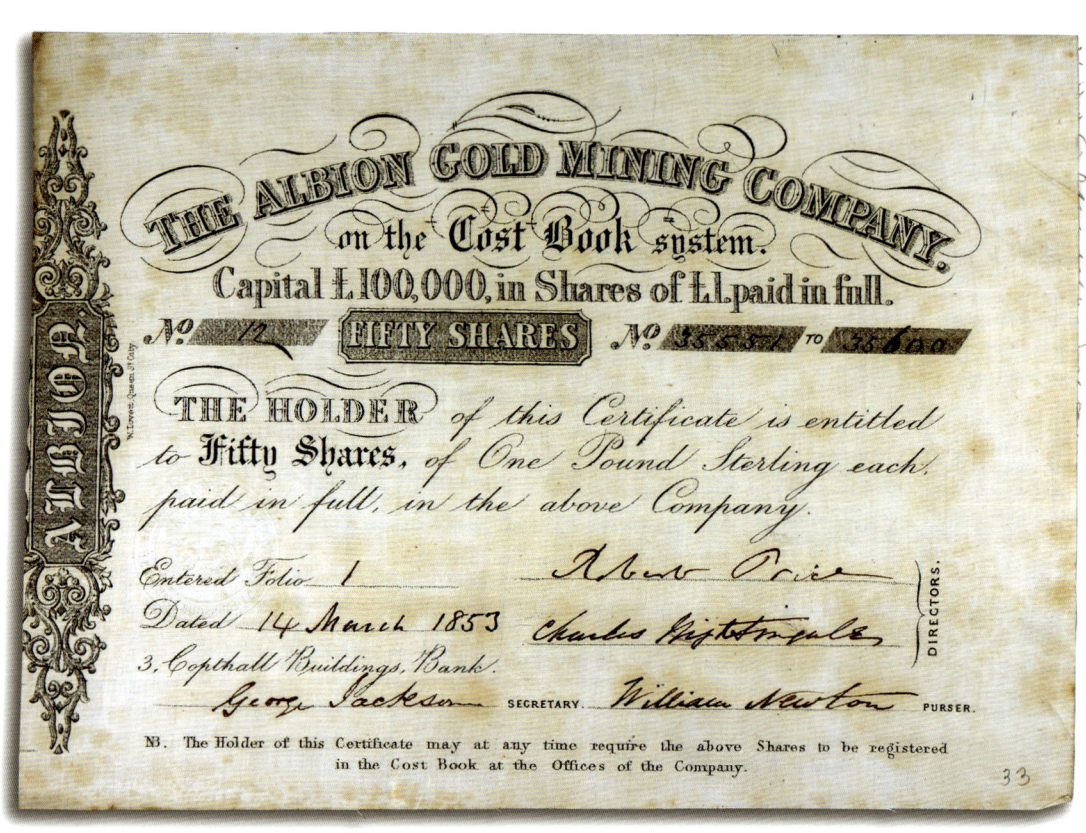

淘金热时代
阿尔比金矿公司股权证

The Albion Gold Mining Company Share Certificate in the Age of Gold Rush

美国 1853 年
长 21.5 厘米 宽 16.5 厘米

　　淘金热是美国西进运动的产物，对美国 18 至 19 世纪的经济开发、农业扩张、交通革命及工商业发展具有重要意义。此件淘金热时代阿尔比金矿公司股权证，载明该公司总股本十万英镑，每股 1 镑，全额缴付。此股权证持有者购买五十股，日期为 1853 年 3 月 14 日。证书上部标明本股权证采用成本账系统，并在下部注明：本股权证持有人可随时在公司办公室办理在成本账上登记股份事宜。

国外传教美国董事会为
传教邮船晨星号募集资金发行的股票

Share of Am. Board of Coms for Foreign
Missions of Missionary Packet Morning Star

美国 1856 年
长 16.5 厘米 宽 10 厘米

　　股票是产业革命后公司制企业组织形式快速发展的产物。本件波士顿教会于1856年发行的股票，是国外传教美国董事会为传教邮船晨星号募集资金而发行。股票上印有一条在海上航行的帆船，下面引《马可福音》第三章第九节的内容：他因为人多，就吩咐门徒叫一只小船伺候着。此为一股，价值十美元。

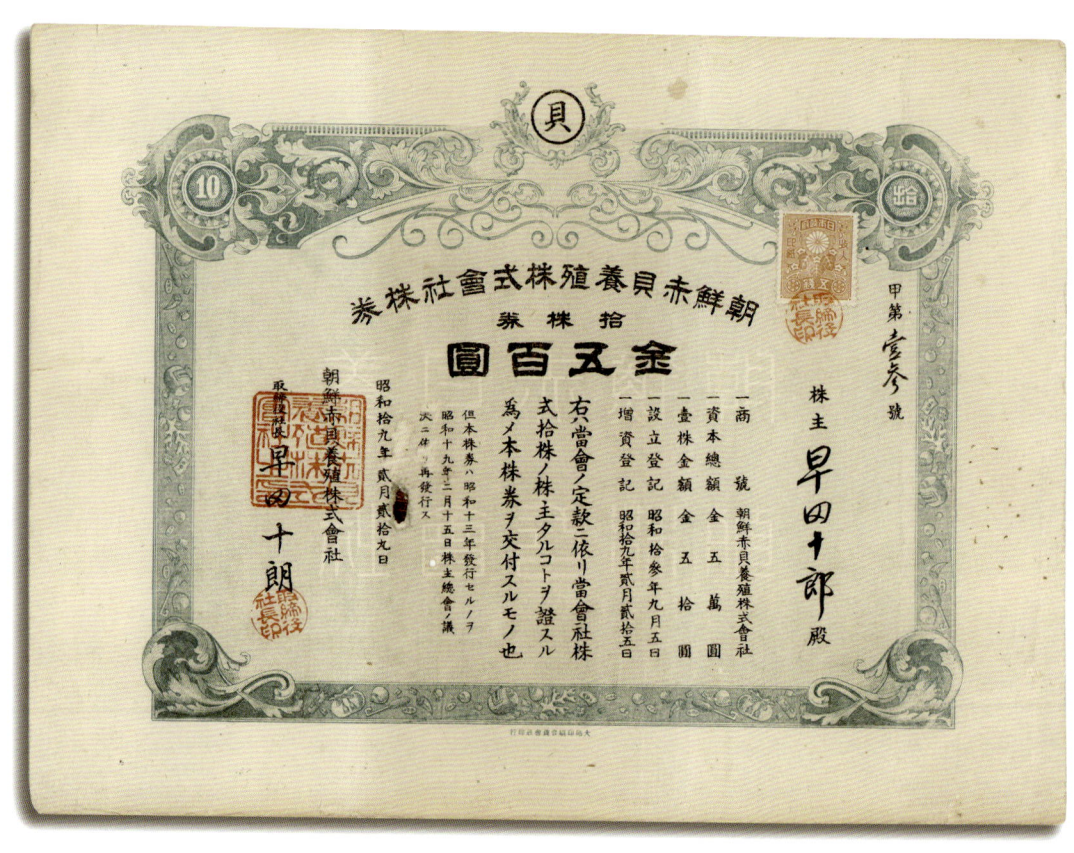

朝鲜赤贝养殖株式会社股票

Korea Ark Shell
Breeding Company Share

朝鲜 昭和十九年（公元 1944 年）
长 27.4 厘米 宽 20.2 厘米

日占期间朝鲜赤贝养殖公司股票。公司设立于昭和十三年九月五日，此为经公司股东大会昭和十九年二月十五日讨论通过的扩股增资决议增发的股票。股东早冈十郎，十股，五百元。股票上有取缔役社长（总经理）早冈十朗签章及日本政府印花税票。

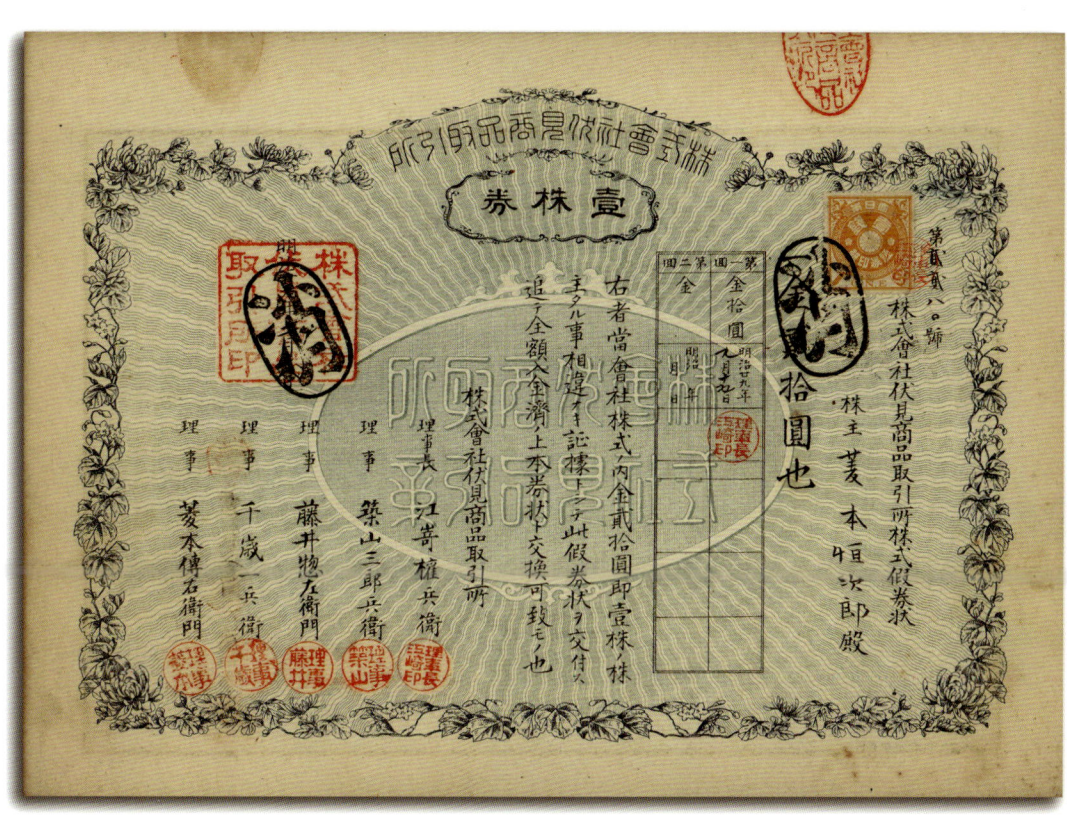

株式会社伏见商品取引所株式假券状
Fujian Commodity Exchange Stock

日本 明治二十九年（公元 1896 年）
长 27.4 厘米 宽 20.2 厘米

　　日本伏见商品取引所（交易所）于明治二十九年（1896年）发行的股票，每股面值二十元。其上加盖"株式会社伏见商品取引所印"及理事长江崎权兵卫，理事筑山、藤井、千岁、菱本印章。

天津义生银号住晋第二周纪念摄影

Commemorative Photo of Tianjin Yisheng Bank for the Business in Shanxi Province being Started for Two Weeks

民国二十年（公元 1931 年）
长 30.5 厘米 宽 23.5 厘米

在现代银行出现之前，中国本土金融机构通常分为票号、钱庄、银号三种。票号是山西商人（晋商）的创设，钱庄主要分布在长江流域和东南各大城市，设在北京、天津、沈阳、济南、郑州等地的则多称为银号，其性质与钱庄相同。义生银号是天津地区重要的股份制金融机构，民国十八年即已发行股票。此照片摄于民国二十年，作为义生银号住晋第二周纪念。

立信会计学校英文簿记科毕业留影

Photo marking the Graduation of English Bookkeeping Department of Lixin Accounting School

民国二十六年（公元 1937 年）
长 27 厘米 宽 24 厘米

　　立信会计学校是中国会计史上最著名的会计教育机构，由著名会计学家、会计教育家，被誉为"中国现代会计学之父"的潘序伦先生创办于1928年。此为该校英文簿记科毕业留影，摄于民国二十六年（1937年）二月七日。前排居中拿礼帽者，即为立信校长潘序伦先生。

称量蚕茧的日本商人

Cocoon Merchant Who are Weighing and Keeping Accounts of Cocoon

日本
明治时期（公元 1868—1912 年）
长 28 厘米 宽 23 厘米

缫丝业曾是日本十分重要的行业。每年蚕丝季节，大量日本商人涌入中国从事蚕茧贸易，大量蚕茧源源不断流入日本。本照片反映的是日本蚕茧商人在货栈库房内称量蚕茧的场景。画面右上角一人正手拿账本和算盘计算账目。照片右下角有英文"The Philadelphia Museum"（费城博物馆）字样，表明本照片为美国费城博物馆旧藏。

年报大考

Annual Report Quiz

美国 1971 年
长 24 厘米 宽 19.5 厘米

在纸质报告时代，每年向股东寄送公司年报是一项耗时费力的工作。这张摄于 1971 年的照片，真实记录了通用汽车公司女秘书装运公司 1970 年度年报的情景。准备寄发给世界各地一百三十五万八千位股东的年报，按每车装四千五百册计算，总计要装三百多车！真是一场巨大的考验，难怪照片被题名为"年报大考"。

国家公共账目审计师
迈克·J·霍莱特在债券上签字

Michael J. Howlett, State Auditor of Public Accounts, Signing Bonds with Multiple Pens

美国 1964 年
长 24 厘米 宽 17.5 厘米

　　会计师和审计师经常会遇到需要在海量文件上重复签字的情况。当签字签到手疼，这样一种装置无疑是很多人渴望得到的利器。这张摄于1964年的老照片，反映的是国家公共账目审计师迈克·J·霍莱特在待发售债券上签字的情景。带有明显摆拍特征的姿势，显露出他对这一装置的无比得意之情。

第六篇 其他

会计是一个内涵丰富的文化体系,广泛地涉及人类社会经济生活的方方面面。中国会计博物馆收藏的各类藏品,除可纳入以上几种主要类别者外,尚有许多特殊的遗存,同样具有重要的历史意义和研究价值,并深刻地体现了会计『博』的意义,归为『其他』,计八件。

MISCELLANEOUS

Accounting is a cultural system with rich connotation, and widely involved in all aspects of social and economic life in human society. Except the items may be incorporated into the five categories above, there are lots of other special remains in the collections of China Accounting Museum, also has important historical significance and research value, profoundly reflects the significance of accounting in a broad world, which being classified into "miscellaneous", consists of 8 objects.

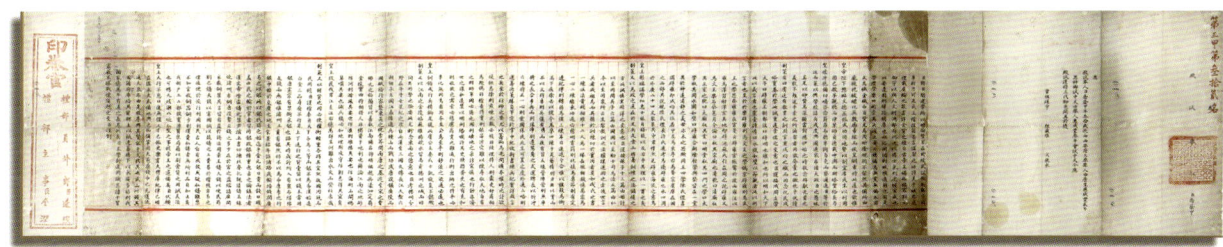

咸丰二年殿试卷

Examination Paper for the Final Round of Imperial Examination in the 2nd year of the reign of Emperor Xianfeng, Qing Dynasty

清 咸丰二年（公元 1852 年）
长 240 厘米 宽 56 厘米

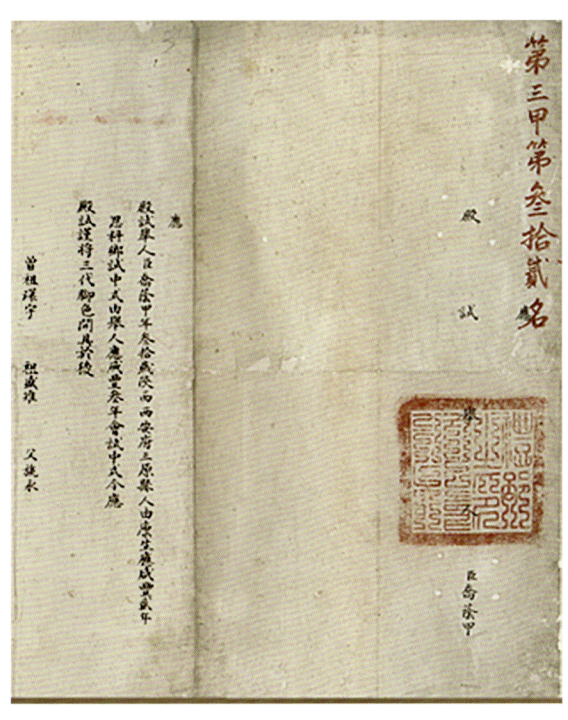

科举制是中国古代通过考试选拔官吏的一种制度。从隋朝大业元年（公元605年）开始实行，到清朝光绪三十一年（公元1905年）最后一科进士考试为止，历经一千三百年。在为国家选拔人才的同时，也为下层民众打开了一条重要的上升通道。考试分为乡试、会试、殿试三个层次。此为陕西西安府三原县人乔阴甲参加咸丰二年殿试的试卷，内容为讨论治国方略、理财之道。题首朱笔加注"第三甲第三十二名"。

明治二十二年日本引替所招贴画

Poster of A Currency Exchange Shop in Japan made in the 22th Year of Meiji

日本
明治二十二年（公元 1890 年）
长 130 厘米 宽 82 厘米

　　日本的引替所相当于中国的钱庄，是现代银行出现之前从事钱币兑换业务之所在。本件明治二十二年制作完成的引替所招贴画，页面贴满引替所各类票据。下部图画中描绘的是正在看账数钱的日本财神形象。画面中正在玩耍的儿童，给整个画面平添了许多情趣。日本财神又名背袋佛、招手财神，起源于日本明治时期，传说能增祥招财。日本人尊其为财富之君，每逢新年必隆重祀奉，在日本民间极受尊崇。

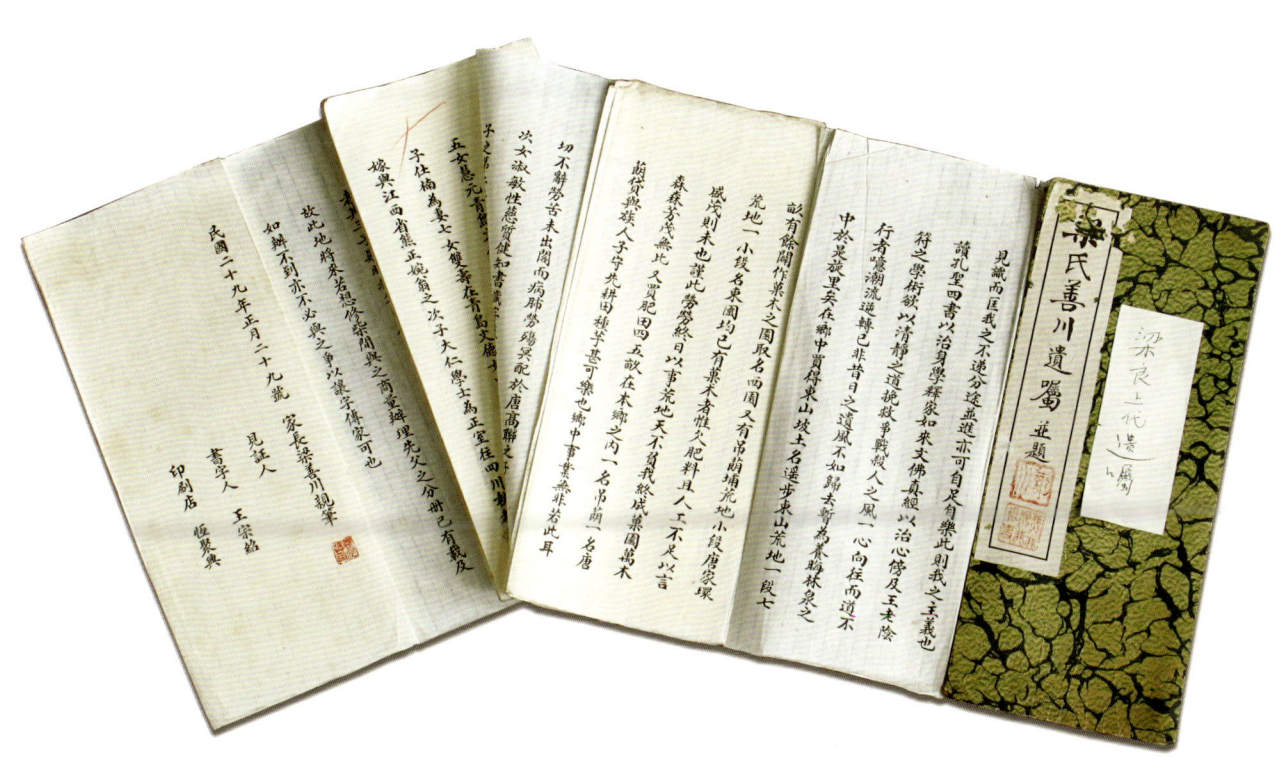

梁氏善川遗嘱
Liang Shanchuan's Will

民国二十九年（公元 1940 年）
长 473 厘米 宽 31.2 厘米

遗嘱是公民生前对其死后遗产所作的处分及处理其他事务的嘱咐或嘱托，古今中外皆有使用。此件梁氏善川遗嘱，总长473厘米，为本馆所藏遗嘱类文书中篇幅最巨者。遗嘱由家长梁善川亲笔书写，详细叙述了立此遗嘱的因由及意愿。遗嘱特别提到在财产分割中需首先提留基金，用于子女教育和扶危济困。

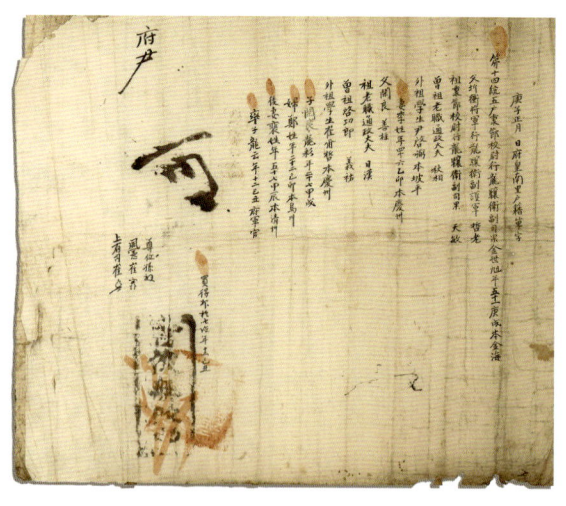

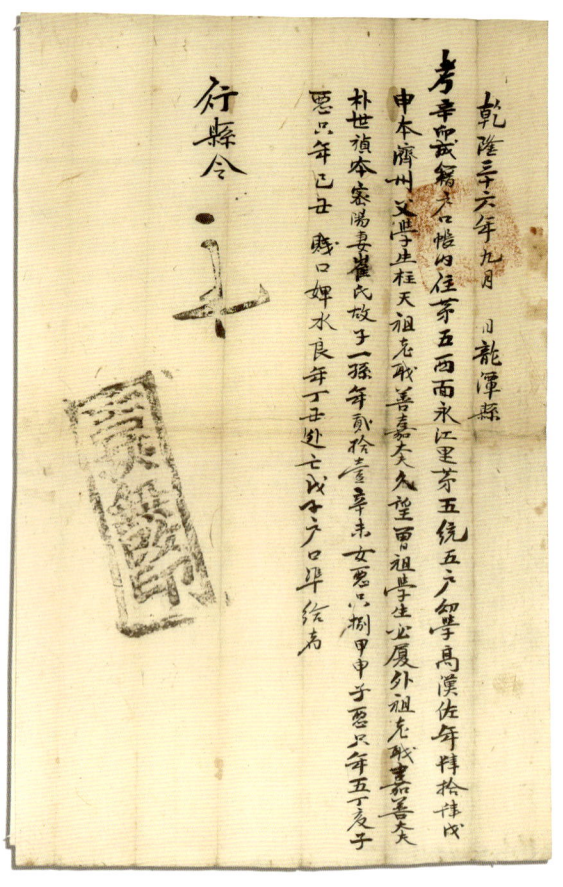

乾隆三十六年龙潭县户口单

Family Register Certificate of Longtan County issued in the 36th year of the reign of Emperor Qianlong, Qing Dynasty

清 乾隆三十六年（公元1771年）
竖长件：长 47 厘米 宽 28.5 厘米
方形件：长 38.5 厘米 宽 38.5 厘米

  户口，通常称为户籍，是人口管理及计征农业税收的重要基础。《史记·萧相国世家》云："汉王所以具知天下隘塞，户口多少，强弱之处，民所疾苦者，以何具得秦图书也。"此户口单为龙潭县于乾隆三十六年九月所发，户主高汉佐，年四十四岁，本济州人。户口单上详列其父、祖、曾祖、外祖、妻、子、女、婢的身份及姓名。

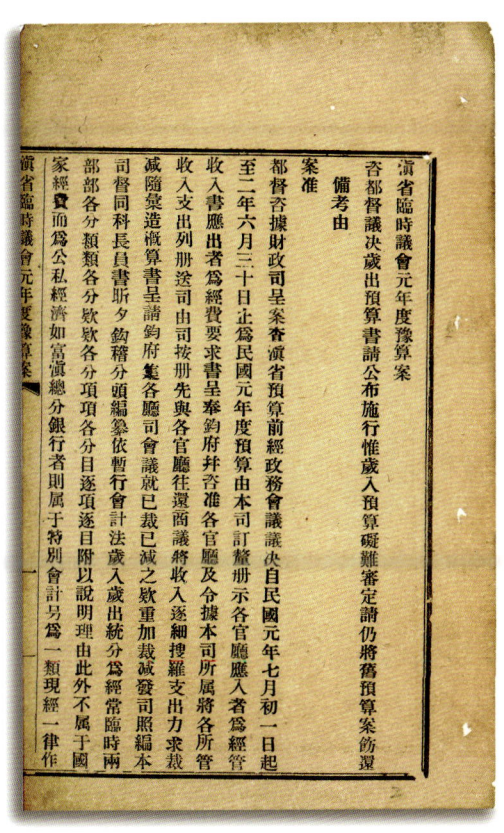
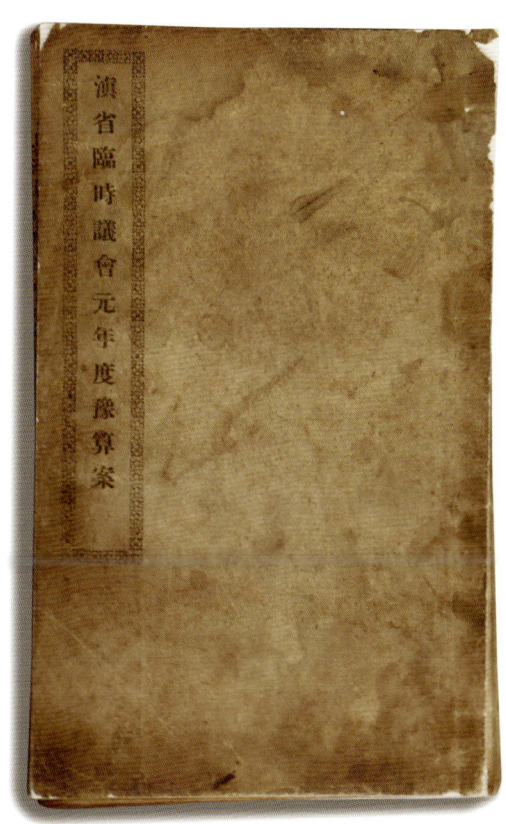

滇省临时议会元年度预算案

Yunnan Province Budget of the First Year of the Republic of China published by the Interim Parliament of the Province

民国元年（公元 1912 年）
长 26 厘米 宽 14 厘米 厚 0.8 厘米

云南省临时议会发布的民国元年度预算。起首写明："咨都督议决岁出预算书，请公布施行，惟岁入预算确难审定，请仍将旧预算案饬还备考。"其内容为滇省临时议会审定民国元年七月一日起至二年六月底至岁出预算，总体分为岁出经常门和岁出临时门两大类。

毕摩经桶

Pemo Scriptures Box

民国（公元1912—1949年）
长23厘米 宽11厘米 高38厘米

此件毕摩经桶，是彝族祭司（毕摩）盛装经书及其他文书的器具。硬木雕刻而成，底部用牛皮条加固。"毕摩"是彝族音译，指祭司。他们掌握古彝书，拥有并通晓彝书经文"毕摩经"。毕摩除主持宗教活动外，还教授彝文、撰述并翻译彝族经书。留存下来的毕摩经，内容广泛涉及政治、经济、军事、法律、宗教、历史、哲学、文学、艺术、医药、农业、天文、历法等方面。

彝文竹简

Yi Character Bamboo Slip

民国（公元 1912—1949 年）
长 210 厘米 宽 25 厘米

简牍作为一种重要的文字记录载体曾发挥重要作用，其使用以秦汉时期最盛，汉魏以后因为纸张的普及而逐渐退出历史舞台。西南少数民族地区直至 20 世纪上半期，还有使用竹简等远古时代的记录方式。此件彝文竹简，发现于云南彝族居住地区。汉文史志通常称彝文为"倮（luo）文""罗罗文""爨（cuan）文""韪书"，大约出现于明代，是一种表意的单音节文字。凉山彝族称彝文为 Nuosu－burma，读为"诺苏（彝族）补玛（文字）"。"补玛"指文字，兼有图案、图像之义。说明彝文起源于象形符号，在初创阶段是象形表意文字，主要为"毕摩"所用，故又称毕摩文。

 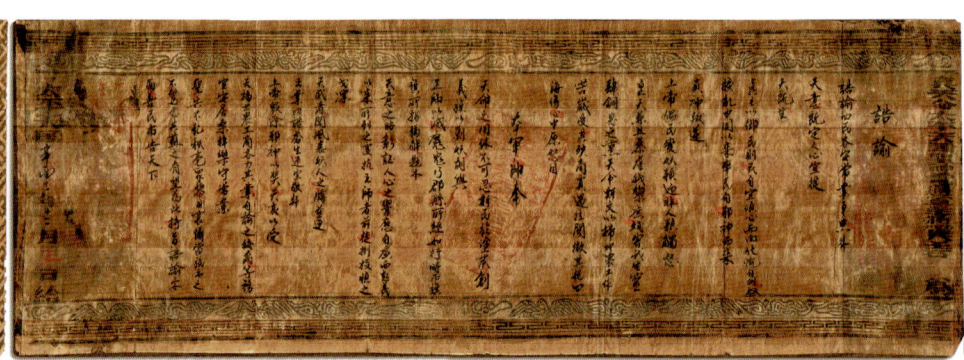 

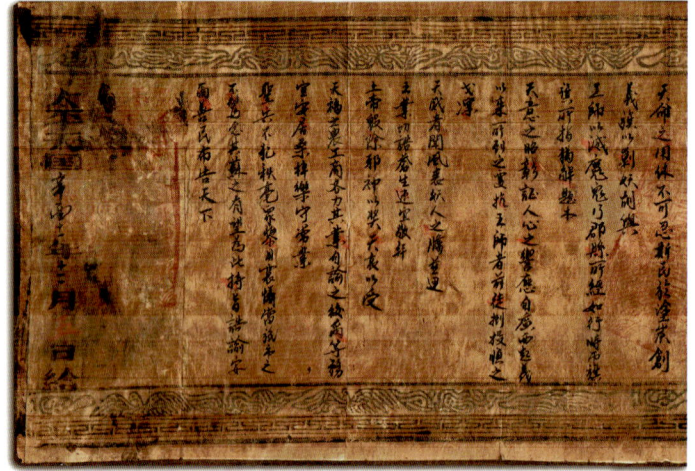

太平天国诰谕

Taiping Heavenly Kingdom Imperial Mandate

太平天国辛酉十一年
（公元1861年）
长99厘米 宽34.5厘米

翼王石达开远征期间发布的诰谕。要求："士农工商各力其业，自谕之后，尔等务宜安居桑梓，乐守常业。圣兵不犯秋毫，众黎毋震慑，当旅市之不惊，念其苏之有望。"封面写"天父天兄天国诰谕"，诰谕正文左、中、右盖有"天父天兄天王太平天国"大印。

后 记

　　出版馆藏图录通常是成熟的大型博物馆展示馆藏和研究的一种形式。中国会计博物馆建成不久，之所以在馆藏数量、研究力量及人财物力尚有不足的情况下，不揣浅陋编辑出版馆藏图录，实因推广会计历史文化的紧迫感、使命感使然。不过，编辑过程中遭遇的种种困难，还是远超编者逆料。从藏品甄选、内容研究、释文撰写、翻译、审校，到版式及形式设计，都是极具挑战的全新课题。端赖参与者共同努力和各方面的大力支持，终于能够完成首卷综合卷的编辑出版，在此要特别感谢：

　　上海市教委、上海高校博物馆育人联盟的大力支持，没有上海高校博物馆内涵建设项目资金支持，是不可能有此图录出版的。

　　上海立信会计学院党政领导对博物馆工作及图录编辑工作的正确领导和大力支持。

　　立信会计出版社领导的大力支持和对编辑出版工作的多方面指导。

　　国际著名政府会计专家、中国财政部政府会计准则建设顾问陈立齐教授对图录编辑提出了许多重要意见和建议，亲自审校译稿，并邀请著名会计史学家普雷维茨教授为图录作序。这份情谊和热忱，不是一个"谢"字所能表达的。

　　因编者水平所限，不当之处，还望读者不吝指正。

图书在版编目（CIP）数据

中国会计博物馆藏品集萃·综合卷 / 宋小明主编.
-- 上海：立信会计出版社，2015.11
ISBN 978-7-5429-4843-4

Ⅰ．①中… Ⅱ．①宋… Ⅲ．①会计－博物馆－藏品－中国－图录 Ⅳ．① K870.2

中国版本图书馆CIP数据核字（2015）第281237号

中国会计博物馆藏品集萃·综合卷

出版发行	立信会计出版社
地　　址	上海市中山西路2230号　邮政编码　200235
电　　话	（021）64411389　传真　（021）64411325
网　　址	www.lixinaph.com　电子邮箱　lxaph@sh163.net
网上书店	www.shlx.net　电话　（021）64411071
经　　销	各地新华书店
印　　刷	上海雅昌艺术印刷有限公司
开　　本	787毫米×1092毫米　1/16
印　　张	13　插页　5
字　　数	184千字
版　　次	2015年11月 第1版
印　　次	2015年11月 第1次
书　　号	ISBN 978-7-5429-4843-4/K
定　　价	280.00元

如有印订差错，请与本社联系调换